DIEDERICHS GELBE REIHE

herausgegeben von Michael Günther

Vanamali Gunturu

Hinduismus

Die große Religion Indiens

Diederichs

Die Deutsche Bibliothek – CIP-Einheitsaufnahme
Gunturu, Vanamali:
Der Hinduismus : die große Religion Indiens / Vanamali
Gunturu. – Kreuzlingen ; München : Hugendubel, 2000
(Diederichs Gelbe Reihe ; 164 : Indien)
(Diederichs)
ISBN 3-7205-2155-9

Umschlaggestaltung: Zembsch' Werkstatt, München
Produktion: Maximiliane Seidl
Satz: EDV-Fotosatz Huber / Verlagsservice G. Pfeifer,
Germering
Druck und Bindung: Presse-Druck, Augsburg
Printed in Germany

ISBN 3-7205-2155-9

Inhalt

Kapitel VIII
DIE BHAGAVADGĪTA, DAS GÖTTLICHE LIED 133

Kapitel IX
DIE GRENZENLOSE GÖTTERWELT 146

Kapitel X
DAS WICHTIGSTE RITUAL DER HINDUS – DAS DÄMMERUNGSGEBET ALS MÜNDUNG ALLER STRÖMUNGEN DES HINDUISMUS

Kapitel XI
DIE EWIGE UND DIE VERGÄNGLICHE ZEIT 184

Kapitel XII
DAS LEBEN DES MENSCHEN 195

Kapitel XVI
SEKTEN UND GURUS IN DEUTSCHLAND

Kapitel XVI
ERLÄUTERUNG HINDUISTISCHER MERKMALE UND BEGRIFFE

SCHLUSSWORT

LITERATUR

ZUM AUTOR

Ich begrüße Pārvati und Śiva, die Eltern des Universums, die unabtrennbar wie das Wort und seine Bedeutung miteinander vereinigt sind. Ich begrüße sie, damit ich die Kenntnisse von den Wörtern und ihrem Sinn erlange.

Kalidasa

Vorwort

Das Sachbuch und sein Karma

Sachbücher und ihre Autoren unterliegen einem sonderbaren Schicksal. Wird das Thema zum ersten Mal behandelt, so wissen die Leser nicht, was sie über das Buch sagen sollen. Viele finden keine Zeit, sich mit dem Buch ausführlich zu beschäftigen, und sind daher nicht in der Lage, es zu würdigen. Sie fragen sich lediglich, aus welchem Anlass das Buch gelesen werden müsse. Gibt es dagegen bereits mehrere Bücher zum gleichen Thema, rufen sie aus: »Da gibt es ja eine Reihe von Büchern darüber!« Gemeint ist damit: »Warum soll ich ausgerechnet dieses Buch lesen, wo es doch bereits so viele gibt?« Wehrt sich ein hartnäckiger Autor gegen solch eine Äußerung und fordert sie auf: »Wenn Sie so viele Bücher zu dem Thema kennen, dann nennen Sie doch bitte ein paar Titel!«, so geraten die meisten ins Schwanken. Sie scheinen so viele Bücher zu kennen, aber sie können keines davon nennen, da sie kein einziges Buch zu diesem Thema gelesen haben. Gesellt sich das Urteil der Akademiker »Originalität ist keine Wissenschaftlichkeit« zu dieser Situation, dann empfindet ein ernsthafter Sachbuchautor sein Schicksal umso schmerzlicher.

Vor diesem Hintergrund ist die oft gestellte Frage »Wozu noch ein weiteres Buch über den Hinduismus?« zu betrachten.

Der Mensch möchte unbedingt ein Urteil über das Fremde besitzen, selbst wenn es sich bei näherer Betrachtung bloß als Vorurteil herausstellen würde. Er scheint nach dem Motto ›Lieber ein Vorurteil als gar kein Urteil‹ zu handeln. Bei der Verteidigung seiner Vorurteile geht er so weit, sogar seinen Verstand aufs Spiel zu setzen. So wird die vor zwei Jahrhunderten von Hegel geäußerte Meinung, Inder hätten keine Philosophie, heute noch in Universitätskreisen überliefert. In Bezug auf die Religion des Hinduismus ist die Lage kaum besser.

Zwei Punkte sind hierbei bemerkenswert. Als Religion eines bevölkerungsreichen Landes scheint der Hinduismus einerseits einen großen Bekanntheitsgrad in Europa zu genießen. Diese Bekanntheit beschränkt sich andererseits jedoch auf kuriose Ansichten und Informationen. Anfang des 19. Jahrhunderts schrieb der französische Missionar Abbé Dubois über die Brahmanenkaste (Priesterkaste): »Ich glaube, Unglaubwürdigkeit, Betrug, Doppelmoral kann man als ihre [der Brahmanen] schlimmsten Laster annehmen [...]. Auch eine unüberwindbare Neigung zum Stehlen sieht man bei den Hindus. Sie lassen sich keine Gelegenheit zum Stehlen entgehen [...]« (Dubois, S. 309). In dieser siebenhundert Seiten langen Tirade gegen Hindus und ihre Sitten schleudert Dubois ein Vorurteil nach dem anderen gegen sie. Er schreibt zum Beispiel über die Beziehung der Hindus zur Musik, sie hätten stumpfe Ohren, und »was ihnen gefällt, sind viele Geräusche, viele schrille durchdringende Töne« (S. 65).

In den vergangenen zweihundert Jahren sind die Vorurteile leider kaum abgebaut oder gemildert worden. Eine junge, gebildete Frau fragte mich einmal, ob meine Eltern meine Ehefrau verbrennen würden, falls ich stürbe, und fügte mir damit Magenkrämpfe zu. Ein Kommilitone an der Universität ging zu seinem Professor, um mit ihm das Glück über die Nachricht zu teilen, dass eine Stiftung ihm

Geld für einen Studienaufenthalt in Indien genehmigt habe. »Fahren Sie bloß nicht nach Indien. Wir haben alles in unserer Bibliothek!«, war die Reaktion des verehrten Professors.

Die zahlreichen Bücher über den Hinduismus spiegeln diese Haltung wider: Die meisten von ihnen entstehen in den Bibliotheken. So ist es kein Wunder, wenn zum Beispiel Klaus Klostermeier in seinem Buch über den Hinduismus behauptet, alle Verehrer von Viṣṇu seien Vaiṣṇavas (Klostermaier, S. 57), oder wenn bei ihm von »Hindu*ismen*« die Rede ist! Auf einen Inder wie mich, der in eine Priesterfamilie geboren ist und diese Religion in ihrem Ursprungsland bewusst gelebt hat, wirken solche Aussagen haarsträubend.

Das vorliegende Buch versucht in erster Linie, ein fundiertes Bild des Hinduismus zu entwerfen, das nicht ausschließlich in den Bibliotheken des Westens konstruiert ist. Das vorrangige Ziel des Autors ist, einen Hinduismus vorzustellen, wie er im Alltag der Inder erlebt wird und in Indien allgegenwärtig ist.

An dieser Stelle möchte ich meinem Doktorvater, Herrn Dr. Eberhard Avé-Lallemant, für anregende Gespräche und meiner Frau Carmen Gunturu herzlich danken. Das Buch ist eine lange Antwort auf alle ihre Fragen zum Hinduismus. Es ist Swami Samartha in Akkalkot gewidmet.

Mai 2000 *Vanamali Gunturu*

Kapitel I
Allgemeine Merkmale des Hinduismus

Es ist nicht leicht, den Begriff ›Hinduismus‹ zu definieren – genauso schwierig, wie ›Philosophie‹ zu definieren. Selbst ein orthodoxer Brahmane kann dabei ins Schwanken geraten. Nicht, dass er nicht wüsste, was Hinduismus bedeutet. Er praktiziert ihn ja unaufhörlich in seinem Alltag – es gibt, vom Aufstehen bis zum Schlafengehen, keinen einzigen Augenblick in seinem Leben, den der Hinduismus nicht gestaltet. Trotzdem bleibt diese Religion, anders als das Christentum oder der Islam, unzugänglich für eine präzise, strenge Beschreibung oder Definition. Jede Definition vermag nur einen Teil von ihm einzufangen und verweist so auf seine anderen, nicht aufgenommenen Teile. Darin gerade besteht die Lebendigkeit und die Unbezwingbarkeit dieser Religion.

§ 1 *Die Merkmale, die den Hinduismus* nicht *bestimmen*

Nach einer bestimmten Auffassung der Hindus kann niemand Gott durch positive Merkmale beschreiben. Behauptet jemand, Gott sei hellhäutig, meint er ungewollt, dass Gott nicht dunkelhäutig sei. Es muss aber in der Allmacht Gottes liegen, beliebig dunkel- oder hellhäutig zu sein. Daher ist all das, was der Mensch über ihn sagen kann, nur das, was Gott nicht ist. Durch die negativen Bestimmungen verspricht sich der Sucher, Gott irgendwann auch in seinen positiven Bestimmungen kennen zu lernen. Diese Art von Gottessuche heißt in der Tradition der Hindus *neti mārga*. Analog zu dieser Gottesbestimmung werden im Folgenden zunächst diejenigen Merkmale erwähnt, die das Hinduismus-Bild nicht bestimmen.

Der Hinduismus ist auf keinen Gründer oder kein Gründungsereignis zurückzuführen

Viele Religionen der Welt beziehen sich auf einen Gründer, der sie gestiftet hat. So Jesus das Christentum, Muhammad den Islam, Buddha den Buddhismus, Mahavira den Jainismus, Guru Nanak den Sikhismus usw. Diese Stifter sind historische Personen, und die Gründung dieser Religionen ist ein historisches Ereignis, d. h., sie ist in der Zeit geschehen.

Der Hinduismus dagegen verweist auf keinen Gründer und kein Gründungsereignis. Aber wie und wann entstand diese Religion? Irgendjemand muss sie ja gestaltet, konzipiert haben. Was bedeutet es, nicht auf einen Gründer hinweisen zu können? Heißt es, dass keine menschlichen Gestalten sie geformt haben und ihre Entstehung kein historisches Ereignis ist? Ein Blick in die Veden, die heiligen Schriften der Hindus, zeigt, dass ihre Verfassung ein zeitliches Geschehen war und dass daran Menschen beteiligt waren. Allerdings nannten sich diese Menschen nicht die Verfasser der Schriften, sondern ihre bescheidenen ›Empfänger‹, und sie wussten dabei, in Zeit und Raum existierende Wahrheiten zu empfangen bedeute nicht, sie zu erfinden. Sie wussten, dass diese Wahrheiten, auch bevor sie empfangen wurden, immer existierten.

Selbst wenn wir die Entdeckung der Wahrheiten oder die Verfassung der Veden als den Anfang des Hinduismus betrachten würden, gäbe es gewisse Schwierigkeiten. Es war eine Reihe von *ṛṣis* (ṛsayah mantra draṣṭārah = ›Die Seher von Mantras sind ṛṣis‹), von denen die Veden empfangen wurden. Wann das geschah, ist historisch umstritten; wir müssen uns mit bloßen Vermutungen begnügen. Der Ursprung der Veden lag bereits für die Inder des Altertums in unvorstellbarer Vergangenheit zurück (vgl. auch unten Kap. III). Daher stammt die einheimische und ursprüngliche Bezeichnung dieser Religion als *sanātana dharma*, ›ewige Religion‹.

Zu dieser in die Ewigkeit zurückreichenden Vergangenheit und Gründerlosigkeit gesellt sich ein weiteres Phänomen: der Einfluss der außervedischen Elemente. So ist die Industal-Zivilisation einer der wichtigsten prägenden Faktoren für den Hinduismus (siehe Kap. II und X). Heute ist es allerdings nicht mehr möglich, alle Einflüsse aufzuzeigen und sie auseinander zu halten.

Der Hinduismus betrachtet sich nicht als ausschließlichen Heilsweg

Während das Judentum tendenziell eine exklusivistische Position für sich beansprucht und sich als der einzige Heilsweg versteht, entwickelt sich dieser Charakterzug beim Christentum, das Angehörigen anderer Religionen die Erlösung kategorisch abspricht, zu einer extremen Form. Das Konzil von Florenz verkündete zum Beispiel: »Die heilige römische Kirche glaubt fest, bekennt und verkündet, dass niemand außerhalb der katholischen Kirche, weder Heide noch Jude noch Ungläubiger oder ein von der Einheit Getrennter, des ewigen Lebens teilhaft wird, vielmehr dem ewigen Feuer verfällt, das dem Teufel und seinen Engeln bereitet ist, wenn er sich nicht vor dem Tod ihr [der Kirche] anschließt« (Schmidt-Leukel, S. 188).

Dies scheint auch die Haltung der Protestanten zu sein. Martin Luther schrieb: »Wo man nicht von Christus predigt, da ist kein Heiliger Geist, der die christliche Kirche macht, beruft und sammelt, außerhalb derer niemand zu dem Herrn Christus kommen kann. [...] Denn die außerhalb der Christenheit sind, seien es Heiden, Juden oder falsche Christen und Heuchler, mögen zwar nur an *einen* wahrhaftigen Gott glauben und anbeten, aber sie wissen nicht, wie er gegen sie gesinnt ist. Sie können von ihm auch weder Liebe noch etwas Gutes erhoffen; deswegen bleiben sie in ewigem Zorn und Verdammnis« (ebenda; vgl. auch von Glasenapp, S. 220, und Siddiqui, S. 16). Der exklusivistische Monotheismus geht im Islam so weit, dass er den einen wahren Gott als partnerlos und kinderlos (Siddiqui, S. 11) betrachtet, und verbietet nicht nur die Verehrung anderer Götter und ihrer Bilder, sondern auch der Entsandten dieses einen Gottes. Das Christentum sieht in Jesus, der Islam in Muhammad den Heiland für die ganze Welt, und sie verstehen es als ihre Pflicht, die Menschen aller Nationen zu ihrem Glauben zu bekehren. In diesem Zusammenhang wird man an Sigmund Freuds Anmerkung erinnert, mit dem Monotheismus fange die Intoleranz an (vgl. »Der Mann Moses und die monotheistische Religion«).

Vor diesem Hintergrund heben sich gewisse Bestimmungen des Hinduismus ab. Er ist eine polytheistische Religion, deren Götter die Form von Menschen (Männern, Frauen und Kindern), Tieren (Elefanten, Ratten, Vögeln und anderen), Naturphänomenen (Wind, Feuer, Regen, Sonne) und sogar von Pflanzen annehmen. Die Tendenz dazu zeigt der Hinduismus bereits in der Indus-tal-Zeit und den Veden. Aber der Polytheismus blieb nicht unbeeinflusst von den philosophischen Spekulationen der Hindus. Mit der Zeit entwickelte sich eine starke

Neigung zum Monismus in der Philosophie und zum Monotheismus in der Religion – die wiederum beide bereits in den Veden und Upaniṣaden angelegt sind. Aber der Monotheismus des Hinduismus ist anders geartet als der der Schriftreligionen. Wenn die vedischen Seher einen bestimmten Gott, z. B. Indra, Agni oder Sūrya, in ihren Hymnen loben, so erheben sie ihn zur höchsten Gottheit. Loben sie aber in einem anderen Kontext einen anderen Gott, so erklären sie diesen zum wichtigsten Gott – eine Eigenschaft, die Henotheismus oder Kathenotheismus genannt wird (Dasgupta, Bd. I, S. 18). Sie ist in der gesamten Entwicklung des Hinduismus immer wieder zu erkennen. Damit sind die verschiedenen Strömungen innerhalb des Hinduismus wie der Śaivismus oder Vaiṣṇavismus zu erklären.

Im Unterschied zu anderen Religionen aber werden die anderen, untergeordneten Götter von den Verehrern eines bestimmten Gottes nicht zu Götzen oder dem Teufel erklärt – andere Götter sind bloß nicht so bedeutsam wie ihr eigener.

Bereits in den Veden, den frühesten religiösen Schriften der Hindus, begegnet man dem Spruch *ekam sad viprāh bahudha vadanti* (Ṛgveda i.164.46), ›Wahrheit ist Eines, die Gelehrten benennen es verschieden‹, der die Toleranz der Hindus prägnant formuliert und den philosophischen und religiösen Geist des Hinduismus prägt. Er besagt: Niemand ist der alleinige Besitzer der Wahrheit. Diese Einstellung erklärt, warum der Hinduismus keine missionierende Religion ist.

Diese Einstellung zur Wahrheit, auch der religiösen, erklärt ferner, warum der Hinduismus keine hierarchische Organisation, ähnlich der katholischen Kirche, kennt. Zwar hat diese Religion Gesetze und Normen, die für die Gläubigen allgemein verbindlich sind und die erstaunlicherweise seit Jahrhunderten ohne Abweichung penibel eingehalten werden, aber es fehlt eine oberste Instanz, die auf sie achtet und den Abtrünnigen mit Strafe droht. Wenn man nach obersten Instanzen, ähnlich dem christlichen Papst in Rom, innerhalb der Hindu-Welt sucht, so findet man die Maṭhas (Klöster) und ihre Mathādhipatis in Kanchi, Dwaraka, Puri und an einigen wenigen anderen Orten. In ihrem Einfluss auf die gläubigen Hindus sind sie vergleichbar mit dem Papst. Aber in vieler Hinsicht unterscheiden sie sich von ihm: Erstens erlassen Śankarācāryas, genannt nach dem Lehrmeister und Philosophen aus dem 8. Jahrhundert, keine Gesetze, die andere Priester oder die Gemeinde binden sollen. Und zweitens gibt es kein Beispiel dafür, dass sich Śankarācāryas in die Politik eingemischt hätten.

Der Hinduismus ist eine dezentralisierte Religion: ein Grund, der seine Überlebenskraft angesichts vieler ungünstiger und bedrohlicher Entwicklungen in der Geschichte Indiens erklärt. Jahrhundertelang zog Indien fremde Völker an, die ihre Religionen und Sitten mitbrachten. Innerhalb einiger Generationen wurden sie vom gastgebenden Land assimiliert. Die größten Gefahren stellten die Ankunft der Muslime im Mittelalter und die Ankunft der Christen in der Neuzeit dar. Da Angehörige beider Religionen Indien politisch unterwarfen, versuchten sie mit politischer Gewalt jeweils ihre eigene Religion im Land zu verbreiten. Dank seiner Unverwüstlichkeit profitierte der Hinduismus aber sogar von dem Kontakt mit den fremden Religionen. Humanistische Reformbewegungen in der Form neuer religiöser Strömungen waren jedes Mal das Ergebnis, wann immer der Hinduismus mit einer anderen Religion konfrontiert wurde. Man denke zum Beispiel an die Ankunft der Griechen auf dem Subkontinent im Altertum und ihre Folgen für den Hinduismus.

Der Hinduismus ist weder ein Patriarchat noch ein Matriarchat

Während Judentum, Christentum und Islam deutlich vom Patriarchat geprägt sind, verhält es sich mit der hinduistischen Religion anders: Sie zeigt nicht nur patriarchalische Prägungen. Es ist allgemein bekannt, dass die drei wichtigsten Gottheiten des Hinduismus, wie wir ihn heute kennen, Brahma, Viṣṇu und Śiva – der Schöpfer, der Erhalter und der Zerstörer –, männliche Gestalten sind. Die Mehrzahl der hinduistischen Tempel werden ihnen, ihren Inkarnationen oder ihren Söhnen geweiht. So begegnet man Tempeln von Viṣṇu, Nārāyaṇa, Narasimha, Rāma, Kṛṣṇa, Śiva, Gaṇeśa, Subrahmaṇya, Dattatreya, Hanumān, vom Sonnengott (in ganz Indien aber nur einem Tempel von Brahma!). Das bedeutet jedoch nicht, dass der Hinduismus patriarchal geprägt ist. Keiner dieser Götter wird ohne seine Gemahlin dargestellt. Fast jeder Tempel hat unweigerlich einen Nebentempel für sie. Und die Verehrung (*pūja*, Sanskrit) eines Gottes, seien es Viṣṇu, Śiva oder seine Söhne, gilt als unvollständig, solange nicht auch ihre Gemahlinnen verehrt werden.

Man begegnet in Indien auch vielen Tempeln, die Göttinnen, zum Beispiel Kāli, Durga, Bhavani, Mīnākṣi, Kāmākśi, Sarasvati geweiht sind. Die Hindu-Tradition schreibt in diesem Fall nicht vor, dass die Verehrung der Göttin erst dann vollständig sei, wenn auch ihr Gemahl (Śiva, Viṣṇu oder Brahma) verehrt wird. Daher ist es kein Muss, dass ein Tempel der Göttin auch einen Nebentempel für ihren Mann hat.

Dementsprechend ist das Pantheon der Hindus sowohl von Göttern als auch von Göttinnen besetzt, und es gibt kaum einen Gott, der ohne seine Gemahlin vorkommt. So haben zum Beispiel Brahma, Viṣṇu und Śiva jeweils Saras vati, Lakṣmi und Pārvati neben sich. Die Hindu-Mythologie und das Pantheon kennen nur wenige Götter oder Göttinnen, die eine ›Junggesellenexistenz‹ führen; ein berühmtes Beispiel hierfür ist der Affengott Hanumān.

Aber warum müssen die Götter immer mit ihren Ehefrauen dargestellt werden? In gewissem Sinn zeigt der Hinduismus starke matriarchalische Charakterzüge (vgl. § 23). Ādiguru Śankarācārya lobt in seinem Werk »Saundaryalahari« die Muttergöttin, Tripurasundari, als die Kraft, auf Grund derer Śiva sich bewegen kann. Ohne diese weibliche Kraft sei Śiva unfähig, auch nur sein Haar zu bewegen! (Ādiguru Śankarācārya 1993, Vers 1.) Viele Riten, Mythen und Tantras belegen diese Ansicht.

Der Hinduismus ist nicht bilderfeindlich

In diesem Zusammenhang zeigt sich ein weiterer Unterschied zwischen den Offenbarungsreligionen und dem Hinduismus, die Bilderverehrung. Die Offenbarungsreligionen verbieten, eine Darstellung Gottes zu verehren. Im Islam wird dieses Verbot zugespitzt. In den Moscheen fällt auf, dass nicht nur Darstellungen Gottes, sondern auch die von Menschen und Tieren fehlen.

Nach dem Verschwinden der Industal-Zivilisation (siehe unten § 3) gab es auch im Hinduismus für lange Zeit keine Bilderverehrung. In der vedischen Zeit waren es verschiedene Götter und Naturphänomene, die aber nicht in ihrer bildlichen Darstellung, sondern in abstrakter Vorstellung verehrt wurden. Erst nach einer Jahrhunderte andauernden Entwicklungsphase und in Wechselwirkung mit dem Jainismus und dem Buddhismus schlug die Bilderverehrung verschiedener Götter im Hinduismus wieder Wurzeln.

In den so genannten Religionen des Buches gibt es eine deutliche Trennung zwischen dem Guten und dem Bösen. Der Teufel verkörpert das Böse, wohingegen Gott und die Engel das Gute verkörpern.

Eine ähnlich strenge Trennung zwischen dem Guten und dem Bösen ist im Hinduismus schwer zu erkennen. Nach Hindu-Vorstellungen ist Gott der Wahre, der Schöne, und er ist, wie auch bei anderen Religionen, der Gute (*satyam*, *sundaram*, *śivam*). Der Eigenschaft des Guten entsprechend sind zwei Götter, Brahma und Viṣṇu, für Schöpfung und Erhaltung der Welt zuständig. Śiva, dem dritten Gott in der Trinität, werden jedoch neben anderen Eigenschaften auch weltzerstörende Kräfte zugedacht, was Christen befremden dürfte. So ist der barmherzige Śiva, der auf Grund seiner Leichtgläubigkeit auch Dämonen jeden Wunsch gewährt, für die Zerstörung der Welt und für das Phänomen des Vergehens zuständig. Zwar leiden die Menschen und die Schöpfung bei Zerstörung und Vergängnis, doch die zahllosen Naturkatastrophen, Krankheiten, der Tod werden aus der hinduistischen Perspektive nicht unbedingt als das Böse oder als sein Zeichen verstanden.

Was ist denn das Böse nach dem Hinduismus, und woran ist es zu erkennen? Die Mythologie wimmelt von Geschichten von Dämonen und ihren Untaten. Können sie nicht als die Vertreter des Bösen angesehen werden? In gewissem Sinn, ja, aber eine genauere Untersuchung der Dämonen und ihres Ursprungs lässt einen interessanten Aspekt der Hindu-Mythologie erkennen.

Jaya und Vijaya waren zwei Türwächter am Vaikuṇṭha (der Welt Viṣṇus, also im Viṣṇu-Himmel). Da sie einmal einem Asketen, Sanaka, den Einlass verwehrten, wurden sie von ihm verflucht. Sie mussten sich mehrfach als Dämonen inkarnieren und sich von ihrem Herrn Viṣṇu trennen. So inkarnierten sie sich einmal als Hiraṇyākṣa und Hiraṇyākaśipu, einmal als der zehnköpfige Dämon Rāvaṇa und Kumbhakarna und noch ein andermal als Śiśupāla und Dantavaktra. Dabei wurden sie jedes Mal als Enkel von Brahma (dem Schöpfer des Universums) geboren. Sie meditierten jahrtausendelang auf Brahma oder Śiva und gewannen sie für sich. Die glücklich gestimmten Schöpfer und Zerstörer des Universums gewährten ihnen, den Dämonen, daraufhin immer wieder den Wunsch nach der Fähigkeit, unbesiegbar zu sein, ohne zu merken, dass sie damit die ganze Welt schikanierten. Die gepeinigten Götter und gestörten Eremiten suchten jedes Mal Zuflucht bei Viṣṇu, dem Erhalter des Universums, und baten ihn um ihre Errettung. Viṣṇu inkarnierte sich, einmal als Fisch, einmal als Schildkröte oder Halblöwe oder Rāma oder Kṛṣṇa, um jene Dämonen zu töten und seinen Gläubigen, die seit vielen Jahren inbrünstig auf ihn meditierten und warteten, bei dieser Gelegenheit zu erscheinen.

Vor diesem Hintergrund muss man fragen: Vertreten Dämonen nach Hindu-Vorstellungen das Böse? Dämonen sind nichts anderes als verfluchte und gefallene Engel, wofür sie nicht verantwortlich zu sein scheinen; selbst als Dämonen werden sie in die Familie der Götter geboren, und in ihrer Feindschaft und ihrem Hass gegen Gott denken sie ununterbrochen an ihn und meditieren so intensiver auf ihn als jeder andere Gläubige. Die Übermacht, die sie dadurch erlangen, stammt wiederum von den Göttern. Daher verliert das Böse seine Eindeutigkeit. Es scheint vielmehr eine Verdeckung und Verzerrung des Guten zu sein (eine Art *privatio boni*?).

Aus einem anderen Blickwinkel betrachtet, scheint einzig die Zeit für das Böse verantwortlich zu sein. Nach

Hindu-Vorstellungen verschlechtern sich Sitten und Moral der Menschen von einem Zeitalter zum anderen. Der Verfall der Moral erreicht im jetzigen Zeitalter, *kaliyuga*, den tiefsten Punkt (vgl. Bharadwaja, S. 10). Im Fortschreiten der Zeit, in der Entfaltung des göttlichen Plans, spielt das Böse eine wichtige Rolle (siehe Kap. XI, § 56).

Die Hindu-Auffassung von Göttern unterscheidet sich in einer weiteren Hinsicht von der der anderen Weltreligionen. Dem Gott des Christentums oder des Islam kann man schwerlich Hinterlist oder Diplomatie zudenken. Hindus scheinen dagegen keine Schwierigkeiten zu haben, sich einen Gott vorzustellen, der betrügt, schlau oder neidisch ist, solange er diese (verwerflichen) Eigenschaften für das Wohlergehen der Welt einsetzt. So etwa quirlten am Anfang der Schöpfung Götter und Dämonen den Milch-Ozean mit dem Berg Meru als Quirl und der himmlischen Kobra, *ādiśeṣa*, als Seil. Unter vielen wertvollen Produkten gewannen sie dadurch auch einen Topf Nektar, dessen Einnahme Unsterblichkeit verleiht. Daraufhin entstand ein Streit zwischen den Göttern und den Dämonen. Die Götter versuchten mit allen Mitteln zu verhindern, dass die Dämonen den Nektar bekämen. Viṣṇu verwandelte sich in eine betörend hübsche Frau, *viśwamōhini* (Weltbetörerin), und gab vor, den Nektar gerecht zwischen den beiden Rivalen verteilen zu wollen. Bevor die Dämonen den Betrug begriffen, war der Nektar bereits von den Göttern verzehrt.

Atris (des Asketen) Frau Anasūya wurde durch ihre makellose Treue zu ihrem Ehemann so stark und berühmt, dass Sarasvati, Lakṣmi und Pārvati (die Gemahlinnen von Brahma, Viṣṇu und Śiva) auf sie neidisch wurden. Sie baten ihre Ehemänner, zum Ashram von Atri zu gehen und Anasūya sexuell zu verführen, womit sie ihren Ruhm und ihre Kräfte verlieren würde. Ihre Ehemänner unternahmen den Versuch, scheiterten aber daran und bewirkten stattdessen etwas Gutes für die Welt – die Geburt von Dattatreya.

Und auch als der heilige Viṣvāmitra durch seine Askese mächtiger als die Götter zu werden drohte, schickte Indra, der König der Götter, die himmlische Hetäre Menaka zu ihm mit der Bitte, ihn zu verführen und von seiner Askese abzulenken.

Nach der Mythologie der Hindus ist das Gute nicht ohne weiteres die Eigenschaft der Götter. Sie haben den zusätzlichen Titel *āśrita pakṣapāti* (›ergreift Partei für seine Verehrer‹). Ihre Verehrer bekommen eine Sonderbehandlung, selbst wenn es moralisch nicht vertretbar ist. Rāma tötet Vāli, den Rivalen seines Verbündeten Sugriva, aus seinem Versteck hinter einem Busch. Viṣṇu drückt hinterlistig in der Form eines Zwergs den übermächtigen Dämon Bali in die Unterwelt hinab und stellt Indra über die Götter und den Himmel; Bali wird in den Mythen als tugendhaft gepriesen; Rāvaṇa wird im Rāmāyaṇa als ein großer Gelehrter und Vollzieher der vedischen Riten beschrieben: Man kann die Dämonen nicht ohne weiteres als Bösewichte bezeichnen.

Der Hinduismus lehrt keine Erbsünde

In diesem Zusammenhang ist bemerkenswert, dass der Hinduismus die Erbsünde in der Form des Christentums nicht kennt. Im christlichen Sinn haftet die erste – von Adam und Eva begangene – Sünde allen ihren Nachfahren, also der ganzen Menschheit, an. Entsprechend dieser Auffassung wird die Menschheit von einer Person, dem Entsandten Gottes, wieder errettet, was nach der Bibel durch Jesus geschah.

In dieser Hinsicht ist der Hinduismus eine viel zu individualistische Religion. Zwar kennt er den ersten Menschen, den Manu, aber er spielt nicht dieselbe Rolle wie Adam in der göttlichen Planung. Sünde ist für den gläubigen Hindu die Übertretung eines sakralen Gesetzes durch ein Individuum, worunter er allein zu leiden hat, bis sie durch eine andere sakrale oder nicht sakrale Tat neutralisiert, abgearbeitet oder gemildert wird (siehe Kap. XII). Manchmal sind die Sünden derartig gravierend, dass sie generationenlang auf die Familie des Sünders wirken und ihren Mitgliedern Unglück bereiten. Aber der Hinduismus kennt keine kollektive Sünde vom Ausmaß der Erbsünde. Anderseits inkarniert sich Gott immer wieder, um die Welt von bösen Umständen, dem Verfall der Sitten und der Gerechtigkeit zu retten. Die Inkarnation Gottes ist, anders als im Christentum, kein einmaliges Geschehen – Viṣṇu zum Beispiel versprach seinen Gläubigen, sich immer wieder zu inkarnieren.

Der Tod ist nicht endgültig

Das Christentum glaubt an eine Geburt und einen Tod des Menschen und an die Unsterblichkeit der Seele, die den Tod überlebt. Der Hinduismus dagegen glaubt an unzählige Geburten und Tode der unsterblichen Seele, die verschiedene Existenzen annimmt, einmal die eines Tieres, einmal eines Menschen, je nachdem, welche Sünden auszugleichen, welche Aufgaben zu erfüllen sind. Das Ziel dieser Kette von Geburten und Toden ist nicht, in den Himmel zu kommen oder sich aus der Hölle herauszuarbeiten, obwohl im Hinduismus beide Institutionen vorhanden sind und auch nach Hindu-Vorstellungen die Seele auf Grund ihrer Verdienste in den Himmel oder auf Grund von Sünden in die Hölle gelangt. Doch diese Ähnlichkeit ist nur oberflächlich. Es bestehen viele Unterschiede. So ist hier die Wanderung der Seele zwischen

Himmel, Erde und Hölle eine individuelle Angelegenheit. Zudem kennt der Hinduismus kein Jüngstes Gericht. Zwar löst sich die Welt am Ende jedes *kalpas* (siehe unten Kap. XI) auf, aber das bedeutet nicht, dass alle Seelen zu dem Zeitpunkt ihr Ziel – Erlösung oder Verdammnis – erreicht haben werden. Die nicht erlösten Seelen bewohnen die neu zu erschaffende Welt und arbeiten auf ihre Erlösung hin.

Die Welt ist keine einmalige Schöpfung Gottes

Ähnlich der Seele, die sich wiederholt inkarniert, wird auch die Welt immer wieder neu erschaffen. Für die Seele reißt die Kette der Geburten mit der Erlösung, die dem ganzen langwierigen Geschehen erst Sinn verleiht, ab. Die Welt dagegen wird immer wieder neu erschaffen, obwohl sie selbst nichts zu erreichen hat. Nach den heiligen Schriften der Hindus ist es die *sankalpa* (Entschlossenheit) Gottes gewesen, die Welt zu schaffen. Daraufhin vervielfältigte er sich. Der Hindu-Gott schuf die Welt nicht aus dem Nichts, sondern aus sich selbst heraus.

Kapitel II
Die Industal-Zivilisation und der Hinduismus

§ 2 *Die piktorale und die philosophische Seite einer Religion*

Jede Religion hat zwei Seiten. Die eine besteht aus Praktiken, konkreten Ideen, Bildern von Gott, von der Schöpfung, der Welt, dem Menschen, selbst wenn sie nicht in Farbe oder Stein dargestellt, sondern nur vorgestellt werden. Zu dieser Seite gehören die Mythen, Tempel, Gottesstatuen, Rituale und all das, was ein Glaubender im Alltag tut. Dies möchte ich die *piktorale Seite* einer Religion nennen. Es ist die Seite, die für einen Außenstehenden leicht zugänglich ist.

In ihrer konkreten Ausformung ist sie nicht ›transparent‹, d. h., sie leistet dem Blick eines Fremden Widerstand und erzwingt dadurch seine Aufmerksamkeit. Einem europäischen Christen zum Beispiel, der zum ersten Mal eine Statue von Viṣṇu in einem Hindu-Tempel sieht, wird sofort auffallen, dass Viṣṇu vier Arme hat und in jedem Arm etwas anderes, eine Waffe oder Blüte, trägt, dass neben ihm seine Gemahlinnen dargestellt werden, vor ihm Opfergaben liegen und zwei große männliche Figuren in Stein, links und rechts vor der Tür stehend, die Zella mit ihren Waffen wie zwei Sicherheitsbeamte bewachen. Oder er bemerkt, dass die Priester im Tempel eine ganz andere Rolle spielen, andere rituelle Handlungen vollziehen als die Pfarrer bei ihm zu Hause. Oder ihm fallen die Bestattungsrituale auf.

Nicht selten trägt die piktorale Seite Widersprüche einer Religion in sich, die zu erklären, zu lösen oder auch zu vertuschen der Philosophie als Aufgabe zufällt. So ergibt sich die philosophische Seite der Religion.

Im Vergleich zum Christentum ist die piktorale Seite des Hinduismus sehr reichhaltig. Dazu hat die Industal-Zivilisation einen beträchtlichen Beitrag geleistet.

§ 3 *Die ersten Stadtkulturen Indiens*

Bis 1921 waren die Historiker der Überzeugung, indische Geschichte fange irgendwann im 18. Jahrhundert vor Christus an. Als jedoch in jenem Jahr Eisenbahnarbeiter in der Provinz Sindh auf die Spuren einer längst verschwundenen Zivilisation stießen, wurde plötzlich das Altertum der indischen Kultur und Geschichte um einige Jahrhunderte reicher. Daraufhin unternahm die »Archeological Survey of India« unter der Leitung von Sir John Marshall und später seines Nachfolgers Sir R.E. Mortimer Wheeler umfangreiche Ausgrabungen in den Provinzen von Punjab, Sindh und ihrer Umgebung und erschloss die Reste einer vergessenen Zivilisation.

Wie die Archäologen erklären, entstand hier im Industal um 2500 v. Chr. eine städtische Zivilisation, deren Zustandekommen nicht einfach zu erklären ist. Obwohl es in derselben Gegend auch Dorfkulturen gab, die noch älter sind, ist umstritten, ob die Industal-Zivilisation aus den Dorfkulturen entstand. Ebenso wenig kann man den Einfluss anderer zeitgenössischer Kulturen – Ägypten oder Mesopotamien – auf die Industal-Zivilisation beweisen (Basham, S. 15).

Die geografische Größe

Zwischen dem heutigen Indien und Pakistan liegend, erstreckte sie sich über die Regionen von Punjab, Haryana, Sindh, Baluchistan, Gujarat, Rajasthan und das Grenzgebiet von Uttar Pradesh und umfasste eine Fläche von ungefähr 1 299 600 Quadratkilometern. So war sie größer als das heutige Pakistan und das damalige Ägypten und Mesopotamien.

Die Städte

Wissenschaftler legten sechs Städte dieser Zivilisation frei: Harappa, Mohenho-daro, Chanhu-daro, Lothal, Kalibangan und Banawali. Zu den beeindruckendsten Leistungen ihrer Bewohner gehört die Planung der Stadtanlagen mit neun Meter breiten, geraden Straßen, die einander rechtwinklig schneiden und so das ganze Areal in viele Blöcke teilen. In diesen Blöcken wurden mehrstöckige Häuser aus gebrannten Ziegelsteinen gebaut, deren Größe standardisiert war. Jedes Haus hatte ein eigenes Badezimmer, dessen Abwasser durch Rohre in die geschlossenen Kanäle in der Straße geleitet wurde. Keine alte Zivilisation außer der römischen hatte solch eine hoch entwickelte Kanalisation.

Harappa und Mohanhodaro hatten jeweils eine ummauerte Zitadelle, die offenbar religiösen und Regierungszwecken diente und worin vermutlich auch die Herrscherfamilie wohnte.

Die Wirtschaft

Die Menschen dieser Zivilisation domestizierten Rinder, Ziegen, Schafe, Schweine, Kamele, Katzen, Hunde und in einigen Gegenden sogar Elefanten. Sie waren weltweit die

Ersten, die Hühner hielten. Basham nennt es das Geschenk der vorgeschichtlichen Inder an die Welt (S. 26). Die Bauern kultivierten genug Getreide (Gerste, Weizen und im Süden auch Reis), sodass sich davon auch die städtische Bevölkerung ernähren konnte und dass die Herrscher in die Lage versetzt wurden, Steuern einzunehmen. Schätzungsweise waren die Industal-Bewohner auch weltweit die Ersten, die Baumwolle anbauten.

Obwohl die Industal-Zivilisation zur Bronzezeit gehört, fanden Wissenschaftler bei den Ausgrabungen mehrere Werkzeuge und Instrumente aus Stein. Es wurde aber auch eine beachtliche Menge an Werkzeugen und Waffen aus Bronze – Äxte, Sägen, Messer und Speere – überliefert. Die Weber arbeiteten mit Baumwolle und Wolle, die Goldschmiede stellten Schmuck aus Gold, Silber und Edelsteinen her, die Töpfer schufen beeindruckende glasierte Keramik – große Töpfe, Teller, Karaffen und Krüge – und malten verschiedene Muster darauf. Boote wurden hergestellt und mit Waren zum Seehandel auf die Weltmeere geschickt.

Die großen Getreidespeicher der Städte sowie unzählige Siegel, die Schrift und standardisierte Messeinheiten weisen darauf hin, dass Handel für die Menschen dieser Zivilisation eine wichtige Rolle spielte. Er beschränkte sich nicht auf die eigene Kulturzone, sondern umspannte auch fernere Länder. Gegen fertige Waren aus Metall, Stein und Muscheln wurden Kupfer, Zinn, Lapislazuli eingetauscht, wobei Ochsenkarren und Boote im Einsatz waren. Man trieb Handel mit dem heutigen Afghanistan, mit dem Land zwischen Tigris und Euphrat, und auch in Mesopotamien wurden viele Siegel aus dem Industal gefunden. Die Abbildungen von Pyramiden und auch eines Gorillas auf den Siegeln lassen vermuten, dass die Industal-Bewohner auch mit Ägypten und Afrika Handel trieben. Die Hauptexportware war Baumwolle.

§ 4 *Die religiösen Bilder*

In der Industal-Zivilisation besaß jede Handelsfamilie ein Siegel, eine rechteckige oder quadratische Plakette aus Steatit, einem weichen Stein, auf dem das Emblem der Familie und eine kleine Inschrift in piktografischer Schrift zu sehen war. Selbst 150 Jahre nach ihrer Entdeckung im Jahr 1853 bleibt die Schrift leider unentziffert, aber dafür geben die Darstellungen auf den Siegeln vieles über die religiösen Vorstellungen der damaligen Menschen preis.

Eines der wichtigsten Motive ist das eines menschlichen Wesens mit drei Gesichtern auf einem Siegel. Jemand sitzt in einer Meditationsstellung, einer Art Schneidersitz, auf einem Podest, wobei seine Fersen sich unter dem erigierten Phallus berühren. Seine ausgestreckten Arme ruhen auf den Knien und sind von Armreifen bedeckt. Abgesehen von dem stilisierten Schmuck ist der ganze Körper nackt. Auf seinem Kopf sind zwei Hörner zu sehen und in ihrer Mitte eine wachsende Pflanze. Diese Figur ist von verschiedenen Tieren – Elefant, Tiger, Rhinozeros, Büffel und Gazelle – umgeben. John Marshall nannte diese Figur »Śiva mit drei Gesichtern«, und auch Wheeler hatte keinen Zweifel an dieser Deutung (Wheeler, S. 83).

Die Vorstellung, einen Gott oder Göttin mit mehreren Köpfen darzustellen, hat die Hindus seitdem nicht mehr verlassen. Man denke an Maheṣhmūrti auf der Elephanta-Insel vor Bombay oder die Darstellung von Brahma, Dattatreya, Durga oder Gāyatri.

Mit einem seiner Beinamen (jeder Gott und jede Göttin hat mindestens 1000 Beinamen) heißt Śiva *Digambara* – jemand, der nur die Himmelsrichtungen als Kleider am Körper hat. Damit ist gemeint, dass er absolut nackt ist. Die Figur auf dem Siegel fällt nicht nur wegen des nackten

Körpers, sondern auch wegen seines erigierten Penis auf. Die gläubigen Hindus verehren Śiva überwiegend nicht in seiner anthropomorphen Darstellung, sondern in seiner *linga*-Form umringt von *yōni*, dem weiblichen Geschlechtsorgan – Yōnirlinga. Bei den Ausgrabungen im Industal fand man viele kegelförmige Steine, einige davon zwei Fuß groß, und viele Steinringe, die offenbar als Kultobjekte verehrt wurden.

Nach einer bestimmten Vorstellung der Hindus ist das Linga, der erigierte Phallus, voller Hitze, worunter zeitweise die ganze Welt zu leiden hat, wie es die Mythologie vielfach belegt. Es ist eine der Aufgaben der Gläubigen, das Śivalinga kühl zu halten oder es abzukühlen. Daher hängen sie in jedem Garbhagriha (›Cella‹, *›sanktum sanktorum‹*) ein Kupfergefäß mit einem kleinen Loch über dem Śivalinga auf und füllen es mit Wasser. Rund um die Uhr tropft Wasser aus dem Gefäß auf das Śivalinga und verhindert so seine Überhitzung.

Paśupati und Paśunātha sind zwei weitere Beinamen von Śiva; sie bedeuten wörtlich ›Der Herr der Tiere‹ (das Sanskritwort Paśu ist mit ›Vieh‹ verwandt). Er hat die Macht, Krankheiten oder Tod über die Tiere zu bringen oder auch ihr Wohlergehen zu bewirken. Interessant sind die Ähnlichkeiten zwischen dieser Darstellung und Buddhas Darstellung bei seiner ersten Predigt im Gazellengarten in Sarnath, als er von Tieren umgeben war.

Die Kuh scheint zu Industalzeiten noch nicht die Heiligkeit des späteren Hinduismus erlangt zu haben. Auf zahlreichen Siegeln wird dagegen der Stier realistisch dargestellt. Oft steht er vor einem Kultobjekt, auf dem oft (sprießende) Körner liegen, die eine Opfergabe für den Stier darstellen. Aber man sieht den Stier auf keinem Siegel vor dem Proto-Śiva stehen. Vielleicht war er zu dieser Zeit noch nicht Śiva zugeordnet worden. Aber die Stellung des

Stiers, Nandi, in der Religion und alle mit ihm verbundenen Mythen haben ihren Ursprung in dieser Zeit. Im Sprachgebrauch des Sanskrit ist der Stier ein Zeichen für den Vorrang; *kavivṛṣabha* bedeutet wörtlich ›ein Stier unter den Dichtern‹ (*kavi* = ›Dichter‹, *vṛṣabha* = ›Stier‹), im übertragenen Sinn ›ein hervorragender Dichter‹.

Pflanzenverehrung ist ein wichtiger Aspekt des heutigen Hinduismus (siehe unten § 50); auch sie hat in dieser Zeit ihren Ursprung. Der *Ficus religiosa*, Pipal, ist ein rund und hoch wachsender schöner Baum mit glänzenden symmetrischen Blättern. Er wird heute an vielen Pilgerorten und Tempeln in Indien rituell verehrt (*aśwattha nārāyaṇa*). Buddha erlangte seine Erleuchtung unter einem Pipal-Baum, dem so genannten Bodhi-Baum. Auf einem Indus-tal-Siegel wird ein Pipal-Baum mit einer gehörnten Göttin in seiner Mitte dargestellt. Er wird von einer anderen Figur mit Hörnern verehrt, und die Verehrung wird von sieben Frauen (Priesterinnen?) beobachtet (Basham, S. 24).

Bei den Ausgrabungen fand man unzählige Tonfiguren von vollbusigen und breithüftigen Frauen, welche die Wissenschaftler für die Muttergöttin halten. Aus der Tatsache allein, dass es diese Figuren in der Industal-Zivilisation gegeben hat, hätte man noch nicht schließen können, dass sie auch Objekte religiöser Verehrung waren. Einige dieser Terrakottafiguren zeigen jedoch Rußflecken, was darauf hindeutet, dass vor diesen Figuren Öllämpchen oder Weihrauch brannte, dass sie also rituell verehrt wurden.

Eine Muttergöttin wird mit einer Pflanze dargestellt, die aus ihrem Leib hervorwächst. Wahrscheinlich stellt sie die Göttin Erde dar. Im späteren Hinduismus wird die Erde als Göttin verehrt, und in den Veden gibt es Hymnen auf sie. Ein Unterschied besteht jedoch zwischen den ›religiösen‹ Vorstellungen des Industals und der vedischen Zeit. Der vedische Hinduismus vertritt deutlich ein Patriarchat, d. h., Göttinnen spielen darin nur eine Nebenrolle, während es im Industal anders zu sein scheint. Wenn auch zahlreiche männliche Terrakottafiguren gefunden wurden, ist die Zahl der weiblichen Figuren doch weit größer. Mit der Ankunft der so genannten Indoarier um 1800 v. Chr. verloren die Göttinnen ihre Bedeutung in dem hinduistischen Pantheon, und es mussten einige Jahrhunderte vergehen, bevor sie sich wieder behaupten konnten. Von der Hauptreligion verdrängt, blieb der Kult um die Muttergöttin in den religiösen Vorstellungen und Praktiken der einfachen, vorarischen Bevölkerung erhalten. Man findet ihn in den Ritualen für die Dorfgottheiten, die auch heute verehrt werden. Es war dieser Kult um die Muttergöttin, der den Tantrismus speiste.

Von der Anwesenheit der weiblichen Terrakottafiguren leiten einige Wissenschaftler ab, dass die vorarische Gesellschaft Indiens ein Matriarchat war. Nach ihrer Meinung brachten die so genannten Indoarier das Patriarchat in den Subkontinent, das ein Verlust für die Frauen in der Gesellschaft war. Nach Romila Thapars Meinung ist das Wiederauftauchen der Muttergöttin im späteren Hinduismus eine Entschädigung auf der religiösen Ebene für den Verlust auf der gesellschaftlichen Ebene (Thapar, S. 166).

Die Bewohner des Industals stellten die Muttergöttin mit großem Busen, schmaler Taille und breiten Hüften dar und schufen damit für alle Zeiten das Schönheitsideal für die indische Bildhauerei und Literatur. Jede weibliche Figur in den indischen Tempeln entspricht dieser idealen Vorstellung. Kalidasa beschrieb im 4. Jahrhundert die schöne Frau folgendermaßen: »[...] wie das Vorbild des Schöpfers ist sie eine sinnliche Frau, schlank und jung. Ihre Zähne sind spitz und die Lippen rot und voll wie Bimba-Früchte. Ihre Taille ist eng und der Blick wie der einer erschrockenen Gazelle. Sie hat einen tiefen Nabel, sie geht langsam, weil ihre großen Hüften sie beschweren, und sie beugt sich ein wenig vor, da ihr voller Busen schwer ist« (Kalidasa, »Meghadūta, Uttaramegha«, Vers 19).

Das große Bad auf der Zitadelle in Mohenho-daro mit einer Größe von 11,88 mal 7,01 mal 2,43 Metern, einem mit Bitumen abgedichteten Boden aus Ziegelsteinen und umliegenden Umkleidekabinen muss zu religiösen Zeremonien gedient haben. Die Rolle des Wassers bei den rituellen Reinigungen im Hinduismus ist sehr wichtig; viele Tempel in Südindien haben einen Tempelteich zu rituellen Zwecken. Vielleicht ist auch die rituelle Rolle des Wassers im Hinduismus auf die Industal-Zivilisation zurückzuführen. Einige Wissenschaftler sind der Meinung, dass die Menschen damals den Fluss Indus verehrt haben; das Krokodil symbolisiere diesen Fluss. Im späteren Hinduismus ordnete man das Krokodil dem heiligen Fluss Ganges und die Schildkröte seinem Nebenfluss Yamuna zu.

Swastikas, denen man in Indien überall – in Tempeln, Haushalten, auf den Türen – begegnet, erschrecken die Europäer, wenn sie zum ersten Mal in Indien sind. Sie wundern sich, was sie wohl bedeuten sollen. Das Sanskritwort *swastika* (*su* = ›gut‹, *asti* = ›ist‹ und *ka* = eine Endung für die Verniedlichung) bedeutet ›Alles möge gut sein‹. Die frühesten Darstellungen von Swastikas stammen aus der Industal-Zivilisation, wo die Sonne nicht in ihrer anthropomorphen Gestalt wie im späteren Hinduismus, sondern in ihrer symbolischen Form verehrt wurde. Die Swastika wird nicht nur von Hindus gebraucht, denn der Buddhismus und Jainismus machen genauso eifrig Gebrauch von ihr.

§ 5 *Fazit*

Zwischen 2500 und 1800 v. Chr. gab es in der Industal-Zivilisation nicht nur hoch entwickelte Städte, zufrieden stellende Agrarwirtschaft, Industrie und Handel, sondern auch eine polytheistische Religion mit allen erdenklichen Verehrungsgegenständen – Götter, Göttinnen, Tiere, Pflanzen, Flüsse und Wasser. Der Polytheismus des späteren Hinduismus zeigt alle diese Aspekte erneut – nun in einer entwickelten Form.

Kapitel III
Die Veden und der Hinduismus

Harappa und Mohenho-daro, die wichtigsten Städte der Industal-Zivilisation, verschwanden um 1800 v. Chr. Andere Städte und Zentren dieser Zivilisation existierten hingegen in veränderter Form noch lange Zeit danach. Nach dem 17. Jahrhundert v. Chr. kann man nicht mehr von der Industal-Zivilisation mit ihren typischen Städten, ihrem System von einmalig angelegten Straßen, Kanalisation, Gebäuden aus Ziegelsteinen, Handel und Siegeln reden.

§ 6 *Der Abgang einer Zivilisation*

Im Hinblick auf die Entstehung sowie auf das Verschwinden dieser Zivilisation wurden viele Theorien aufgestellt. Klimatische Veränderungen, glauben einige Wissenschaftler, führten zu erhöhten Regenfällen im dritten Millennium v. Chr. und zu niedrigen Regenfällen in der Mitte des zweiten Millenniums, worunter die Agrarwirtschaft, das Fundament der Industädte, litt. Demzufolge mussten die Städte verlassen werden. Einige Wissenschaftler vermuten dagegen, tektonische Bewegungen der Erde hätten Überschwemmungen verursacht und die Städte seien deswegen verlassen worden, wohingegen andere Wissenschaftler in der sich ausbreitenden Wüste Thar die Ursache suchten.

Um diese Zeit waren die nomadischen Stämme, die in der Steppe südlich von Russland und Zentralasien als Viehzüchter lebten, die so genannten Arier, in Bewegung. Auf der Suche nach Weideland zogen sie mit ihren Rindern in verschiedene Richtungen, und einige von ihnen kamen so über die Pässe der Schneeberge im Nordwesten des Subkontinents nach Indien. Einige Wissenschaftler sehen in den Ariern, die über lange Zeit hinweg in Wellen Indien erreichten, die Ursache für das Verschwinden der Industal-Zivilisation.

Tatsächlich deutet vieles darauf hin, dass die auf Pferden reitenden Arier in jener Zeit Feldzüge auf dem indischen Subkontinent führten, denen zunächst die Dörfer und daraufhin die Städte zum Opfer fielen. Viele Menschen flohen aus den Städten in das Landesinnere, und die, die blieben, starben offenbar unter den Händen der Barbaren. In einem Haus fanden die Archäologen viele zusammengedrängte Skelette und ein einzelnes einer Frau auf den Stufen eines Brunnens. Anhand der Gräber lässt sich die Anwesenheit einer fremden Bevölkerung nachweisen. Nach Chanhu-daro kamen neue Menschen, die in Hütten mit Feuerstellen lebten.

Die Neuankömmlinge waren Nomaden, die aus Städten, Zitadellen, Häusern, Kanalisation, Straßen und dem Bewässerungssystem der Felder keinen Nutzen ziehen konnten, sie wahllos zerstörten, brandschatzten (man fand Reste verbrannten Weizens in den Ausgrabungen) und die Menschen vertrieben. Diese Taten und ähnliche, wie wir sie noch sehen werden, entsprechen dem Charakter Indras, dem wichtigsten Gott der Veden.

§ 7 *Der Rückschritt*

Die Ankunft der Indoarier auf dem indischen Subkontinent war in vieler Hinsicht ein Rückschritt. Zwar brachten sie den mündlich tradierten Ṛgveda mit sich, aber sie hatten keine Schrift, waren also Analphabeten. Nach dem Verschwinden der Industal-Zivilisation musste Indien jahrhundertelang warten, bevor es wieder über ein Schriftsystem verfügte; das nächste fand sich zu Buddhas Zeiten.

Dasselbe gilt für die Städte und ihre Planung. Nach ihrer Zerstörung durch die Arier sah Indien nie wieder Städte mit ähnlich genauer Planung und Hygiene. Die Indus-Phase in der indischen Geschichte gilt als die erste Urbanisierungsphase, während die zweite Urbanisierungsphase erst etwa zweitausend Jahre später erfolgte.

Die Arier fanden auch für die Ikonographie und die Künste des Industals keine Verwendung. Sie stellten ihre Götter nicht bildlich dar. Obwohl es kein ausdrückliches Verbot wie bei den Muslimen oder Christen der späteren Zeit gab, blieben die Götterbilder der Arier nur verbale Beschreibungen, die sie bei ihren Opferritualen benutzten.

Im Bereich des Handels waren die Bewohner des Industals der Welt zugewandt gewesen, hatten Seehandel mit Mesopotamien, Ägypten und den heutigen Golfländern getrieben. Sie hatten die erforderliche Technologie beherrscht, um Boote zu bauen. Die nomadischen Arier dagegen waren dazu nicht fähig. Zwar taucht der Begriff *samudra* ab und zu in den Veden auf, aber damit ist eine kleine Ansammlung von Wasser gemeint, kein Meer oder Ozean, worauf sich das Sanskritwort seit der klassischen Zeit bezieht. Überdies haben die frühen Arier auch keine Baumwolle erzeugt und mit ihr gehandelt.

Der größte Rückschritt betraf jedoch die gesellschaftliche Sphäre. Mit der Ankunft der Arier verschlechterte sich die Stellung der Frau in der indischen Gesellschaft. Die arische Gesellschaft und ihre religiösen Vorstellungen zeigen deutlich patriarchale Züge. In der religiösen Sphäre standen Götter und in der politischen und gesellschaftlichen Sphäre Männer im Mittelpunkt. Im Laufe der Zeit konnten zwar die Göttinnen ihre bedeutende Stellung in der Religion zurückgewinnen, aber die Frauen in der Gesellschaft ringen heute noch darum.

Und dennoch gewinnt der Hinduismus erst mit der Ankunft und der Assimilierung der Arier und ihrer heiligen Veden in das geistige Leben Indiens seine scharfen Konturen.

§ 8 *Die Veden und die vedische Literatur*

Das Wort *veda* stammt von der Wurzel *vid*, das ›wissen‹ bedeutet (und auch mit dem deutschen Wort etymologisch verwandt ist). Veda bedeutet ›Das Wissen‹ oder ›Das heilige Wissen‹. Inder selbst definierten die Veden als *vedayatitivedah*, d. h., ›Veden sind die, welche erkennen lassen‹. Was nun ist der Gegenstand, den die Veden erkennen lassen? Die Tradition antwortet folgendermaßen:

> pratyakṣena anumityā vā yastūpāyō na budhyate,
> etām vidanti vedena tasmādvedasya vedatā.
>
> (Harisodarulu, S. 4)

›Das, welches weder durch direkte Wahrnehmung noch durch Schlussfolgerung noch durch irgendwelche anderen Mittel zu erkennen ist, das wird durch die Veden erkannt oder die Veden lehren es.‹

Die Inder sahen die Veden also nicht nur als eine Sammlung heiligen Wissens an, sondern auch als ein Mittel zur Erkenntnisgewinnung.

Hier drängt sich eine zweite Frage auf: Welchen Gegenstand lassen die Veden erkennen, der für die Sinnesorgane und den Intellekt nicht zugänglich ist? Das sind *dharma* und *mōkṣa*, zwei der vier *puruṣārthas*, und zwar die Ethik und die Erlösung (siehe unten Kap. VII). Es ist möglich, dass eine religiöse Schrift die Erlösung, den Heilsweg, zeigt. Ist Ethik dagegen nicht ein Gegenstand für den Intellekt, also für das Denken? Kann es die Aufgabe der Veden sein, Menschen Ethik zu lehren?

Man könnte hier geneigt sein zu denken, die Inder scheinen seit eh und je der Irrationalität verfallen zu sein. Doch wenn man die lange Entwicklungsgeschichte der westlichen Ethik betrachtet, kommt man zweifellos zu der Folgerung, dass menschliche Werte weder durch sinnliche Beobachtungen noch durch intellektuelle Argumentationen zu begründen sind. In der ethischen Sphäre können empirische Beobachtungen sogar gefährliche Folgen haben – man denke an den Sozialdarwinismus. Noch ist der Intellekt ein Garant für die Verteidigung altehrwürdiger Werte. Keine Argumentation kann Werte wie Menschenliebe, Gastfreundschaft oder Respekt vor dem Menschenleben logisch begründen. Es ist daher nicht abwegig, wenn die Menschen des alten Indien den Veden diese Fähigkeit zudachten.

Vishwanatha Satyanarayana, ein Traditionalist, formuliert in diesem Zusammenhang den Unterschied in der Einstellung zwischen den Europäern und den Indern so: »Sie [die Europäer] versuchen nicht [wie die Inder], die Wahrheit durch den Geist, durch Askese oder Vorstellungskraft zu erschauen. Vielmehr glauben sie, Wahrheit durch das Wiegen, Messen oder durch irgendwelche Berechnungen entdecken zu können« (Vorwort zum Harisodarulu, S. 62).

Nach der indischen Tradition gelten die Veden als *apauraṣeyas* (a = ›nicht‹, pauraseya = ›von Menschen stammend‹), d. h., als ihre Urheber werden nicht Menschen angesehen. Die ṛṣis (›die Heiligen‹), die sie als Eingebung (Veden haben unter anderen auch den Beinamen *tapah samādhi gōcaram* = ›in der Trance der Askese erblickte Erkenntnisse‹) empfingen, heißen auch *draṣṭa* (›Seher‹) oder *kavi* (›Weise‹). Wie bereits erwähnt: Sie sind nicht ihre Verfasser; es gibt keine Verfasser (*na kaścit veda karta ca*).

Diese Behauptung ist schwierig zu verstehen. Ein Wissenschaftler wie Newton konnte zum Beispiel eine Wahrheit, das Gravitationsgesetz, nur *entdecken*. Das Gesetz besagt, dass alle Gegenstände zum Boden fallen, dass sie sich wegen der Gravitation zur Mitte der Erde hin bewegen. Die Gegenstände fallen immer zum Boden, sie haben das immer getan, auch bevor Newton das Gravitationsgesetz entdeckt hat. Diese physikalische Wahrheit ist (wenn sie denn wirklich wahr ist) für alle Zeiten gültig und Newtons Entdeckung ist nicht die Erschaffung dieses Gesetzes: D. h., in seiner Aufdeckung war Newton nur ein Instrument. In demselben Geist betrachteten sich die vedischen Seher; sie gelten nicht als *Verfasser* der Veden.

Es gibt eine weitere Erklärung: Die Veden bestehen aus Klängen; sie wurden lange nicht niedergeschrieben, bis man sie in ›unserem dunklen Zeitalter‹, im 19. Jahrhundert, dann doch schriftlich festhielt und verlegte. Es sind Klänge, die im Himmel (englisch *sky*) vorhanden sind. Der Himmel, *ākāśa*, ist nach indischen Vorstellungen der Träger und der Multiplikator der Klänge. Ähnlich dem Gott, der in allem vorhanden ist, sind auch die Veden im Himmel immer vorhanden, und die Heiligen haben sie nur empfangen.

Daher stellen die Veden und eine Auseinandersetzung mit ihnen eine sakrale Angelegenheit dar. Sie sollten keinesfalls als textliche Grundlage zur soziologischen oder politischen Rekonstruktion der altindischen Kultur behandelt werden. Jedes Wort in den Veden hat viele Bedeutungen, und daher ist nicht jeder, der sich für sie interessiert oder sie wie ein Fach studiert, in der Lage, sie zu verstehen. Um die Wortbedeutung der Veden zu erfassen, braucht man die Gnade eines Gurus und Gottes. Der Begriff *śaktipātam* bezeichnet gerade diese Gnade (Harisodarulu, S. 67).

Als die Arier nach Indien kamen, hatten sie bereits einen Teil des »Ṛgveda«, des ältesten Werks der indo-europäischen Sprachen, verfasst. Der Rest entstand hier auf dem Subkontinent, zwischen 1500 und 1000 v. Chr. Der Ṛgveda ist der erste der Veden. Er besteht aus *sūktas* (Hymnen) und *ṛks* (Versen). Ṛks heißen auch *mantras* und bedeuten etymologisch ›Denkmittel‹. Der ganze Ṛgveda wird in 10 *manḍalas* (Kreise), 85 *anuvākas* (Kapitel), 10 417 Ṛks und 153 826 *padas* (Wörter) eingeteilt. Dabei bilden die Sūktas, von denen es 1028 gibt, eine zusätzliche Zwischeneinheit. Parallel dazu gibt es eine zweite Einteilung des Ṛgveda in *khanḍas* (Stücke), *adhyayas* (Kapitel), *vargas* (Klassen) und ebenfalls Ṛks, wobei beide Gliederungssysteme dieselbe Anzahl von Versen (und natürlich Wörtern) enthalten.

Zusammen mit dem »Yajurveda«, dem »Sāmaveda« und dem »Atharvaveda« gibt es insgesamt vier Veden. Der Yajurveda enthält zum größten Teil dieselben Verse wie der Ṛgveda, die jedoch zu rituellen Zwecken anders zusammengesetzt werden, sowie zusätzlich einige Prosapassagen. Der Samaveda enthält einige Hymnen aus dem Ṛgveda, die zu bestimmten religiösen Anlässen gesungen werden sollen: Im Samaveda liegen die Wurzeln der indischen klassischen Musik. Der Atharvaveda enthält Mantras (mystische Formeln) und *prayōga* (Anwendungsweisen) für bestimmte Zwecke wie den Schutz vor Gespenstern oder bösen Geistern sowie vor gefährlichen Tieren, Schlangen und Krankheiten. Er enthält auch Mantras und Prayōgas, die für die Geburt von Kindern, für allgemeinen Schutz, für die Aktivierung der Eigenschaften gewisser Arzneimittel, für den Tod und für die Vertreibung oder die Beschwichtigung von Feinden gedacht sind. Diesen Veda könnte man heute die angewandte Esoterik der uralten Inder nennen.

Viele europäische Wissenschaftler meinen, der Atharvaveda sei ursprünglich nicht zu den Veden gezählt worden und zeige viele vorarische Einflüsse auf die vedische Religion. Die indischen Wissenschaftler behaupten dagegen, er habe sehr wohl ursprünglich zu den Veden gezählt. Sie machen darauf aufmerksam, dass bis zu 70 Prozent der Mantras aus dem Ṛgveda stammen und dass dieser Veda bereits im Ṛgveda Erwähnung finde. In diesem Veda liegt der Ursprung des Ayurveda (der indischen Heilkunde mit ihren Theorien) – so handelt er etwa von *vāta*, *pitta* und *śleṣma* (Luft, Galle und Schleim) als Bestandteile des menschlichen Wesens und von ihrer Berücksichtigung bei der Behandlung von Krankheiten.

Zur vedischen Literatur gehören die »Brāhmaṇas«, »Āraṇyakas« und »Upaniṣads«. Die Brāhmaṇas beschreiben, wie die Mantras bei der Durchführung der Yajñas (der vedischen Opferzeremonien) anzuwenden sind. Die Āraṇyakas beschreiben verschiedene Meditationen, die im Zusammenhang mit den vedischen Opfern in Wäldern (*aranya*) auszuüben sind. Und die Upaniṣads sind philosophische Abhandlungen über Themen wie die ›Wahrheit hinter der Welt‹, der ›Ursprung der Wahrheit‹, die ›wahre Natur des Menschen‹, das ›Lebensziel des Menschen‹ usw.

Den westlichen Wissenschaftlern zufolge ist die vedische Literatur zwischen 1500 v. Chr. und 600 v. Chr. entstanden. Mit dieser Meinung sind jedoch indische Gelehrte wie zum Beispiel B.G. Tilak nicht einverstanden. Sie suchen anhand von astronomischen Daten wie den Sternenkonstellationen, die in den Veden erwähnt werden, deren Entstehungszeit zu rekonstruieren. So errechnet Tilak einen Zeitraum, der 6000 v. Chr. liegt.

§ 9 *Die vedischen Götter*

Die meisten Hymnen der Veden besingen die Götter und ihren Ruhm und beschreiben *yajñas*, (Feuer-)Rituale für die Götter.

Agni

Agni, der Feuergott, ist der wichtigste Gott der Veden. In den Yajñas, die das Zentrum der vedischen Religion bilden und die Kommunikation zwischen den Menschen einerseits und den Göttern und den Naturkräften anderseits möglich machen, spielt er die Hauptrolle. Daher wird er als der König der Yajñas gepriesen (Ṛgveda I, Maṇḍala I, Anuvāka 6, Sūkta 27). So ist es kein Wunder, dass der Ṛgveda mit einer Hymne auf Agni anfängt: *agnimīle purōhitam. yañjasya devamutvijam hōtaram ratnadhātamam* (Ṛgveda, der erste Ṛk) – ›Ich begrüße den Feuergott, der wie ein Priester das Ritual vollzieht, Götter herbeiruft, den Zweck des Rituals erreicht und Reichtümer trägt‹.

Anders als die anderen vedischen Götter hat Agni zwei Dimensionen. Zum einen ist er ein Gott an sich und daher mit anderen Göttern wie Indra oder Varuṇa vergleichbar.

Er ist ein intellektueller Gott bzw. jemand, dem Intellektualität zugedacht oder zu verdanken ist; der Ṛk 430 im ersten Manḍala nennt ihn »Oh Intellektueller!«, und der fünfte Ṛk lobt ihn als einen großen Weisen, Eigenschaften, die ihm häufig im Ṛgveda zugesprochen werden. Agni ist auch für Reichtum und Schätze zuständig. Die Yajña-Vollzieher (Hotri, Ritvija, Yajaka) bitten ihn oft um Geld und Wohlstand und nennen ihn den Geldgeber (vgl. Ṛgveda, Manḍala I, Anuvāka 4, Ṛk 154, 155, 156). Manḍala V, Anuvāka 4, Sūkta 358, Ṛik 1 nennt Agni deutlich den »Herrn der Schätze«, und durch den siebten Ṛk drücken die Priester den Wunsch aus: »Bring uns allbegehrten Reichtum, verschaffe uns alle Güter.«

Zum anderen hat Agni, verglichen mit anderen Göttern, einen Sonderstatus inne: Er ist der Mittler zwischen den Menschen und den Göttern – die Pforte zur Welt der Götter. Er ist mit den Göttern befreundet, wird daher gebeten, als ihr Botschafter (*dūta*) zu ihnen zu gehen und sie an den Ort des Yajñas herbeizuholen: »Dich [...] haben die Götter zu ihrem Boten und Opferfahrer gemacht« (Manḍala 5, Anuvāka 8, Sūkta 363, Ṛk 6).

Der Überlieferung nach sind es Götter, die den Lebensraum für die Indoarier erobert und erweitert haben. Sie haben die Wasser von Dämonen befreit, und sie sind nur durch die Yajñas anzusprechen und zu beschwichtigen. In den Yajñas spielt das Feuer eine unabdingbare Rolle. Die neuen Bewohner Indiens baten Agni, Götter wie Indra, Varuṇa oder Vāyu zur Gebetsstätte herbeizurufen, und warfen ihre Opfergaben – Ghii (Butterschmalz) oder Fleisch, das für sie bestimmt war – in die Flammen des Yajña. Agnis Aufgabe bestand darin, die Opfergaben zu den Göttern zu tragen. Daher preisen ihn die Hymnen als den Opferfahrer und als den Mund der Götter.

Indra

Indra ist der wichtigste Gott des vedischen Hinduismus. Er ist ein kriegerischer Gott, der die Neuankömmlinge gegen ihre Feinde, die hässlichen Einheimischen (›hässlich‹, da sie dicke Nasen, dicke Lippen und dunkle Haut hatten), von Sieg zu Sieg führte. Er trägt den Beinamen *Purandara,* ›Zerstörer der Städte‹. Viele Hymnen lobpreisen ihn als den Träger der Diamantenwaffe (*vajrāyudha*) und Zerstörer der Städte der Asuras (eine Bezeichnung für die Einheimischen; siehe Maṇḍala 1, Anuvāka 3 und Sūkta 11). Da die nicht sesshaften Indoarier keinen Nutzen in den Städten der Industal-Zivilisation sahen, zerstörten sie sie nach Herzenslust, wobei Indra ihr Heerführer war.

Andere Hymnen erzählen, wie er eine Reihe von *vṛtrāsuras* (Vṛtrā-Dämonen) tötete (siehe Maṇḍala 1, Anuvāka 13, Sūkta 84 oder auch Anuvāka 7, Sūkta 32). Diese Dämonen lagen in den Flüssen und hinderten das Wasser daran, zu fließen. Indra tötete sie und befreite das Wasser, weswegen er als Wasserbringer gepriesen und als der für Regen Zuständige angesehen wird. Die vorarischen Inder hatten kleine Staudämme für Bäche und Wasserläufe angelegt, um ihre Felder zu versorgen; die Indoarier, die überwiegend nomadische Viehzüchter waren, zerstörten ihre Bewässerungsanlagen.

In den Hymnen wird Indra interessanterweise oft mit Kühen in Verbindung gebracht: Er schenkt sie, wenn er glücklich ist, seinen Verehrern, und er schützt sie. Als der Dämon Bila den Göttern ihre Kühe gestohlen und sie in einer Höhle versteckt hatte, waren alle, selbst die Götter, ratlos. Alle suchten Hilfe bei Indra, der die Höhle aufbrach und die Kühe befreite (Maṇḍala 1, Anuvāka 3, Sūkta 11). Eine ganze Sūkta lang bittet Indra die anderen

Götter darum, dass er seinen Verehrern viele Kühe und Pferde schenke dürfe (Maṇḍala 1, Anuvāka 9, Sūkta 29); andere Hymnen bitten ihn um den Schutz dieser Kühe.

Bei seinen Eroberungszügen fuhr Indra auf einem Wagen, der von zwei Pferden gezogen wurde. Dank der Pferde waren die Indoarier bei ihren Eroberungszügen in Indien den Einheimischen überlegen, die nicht über dieses Hilfsmittel verfügten.

Überhaupt spielten Pferde eine Schlüsselrolle in der indischen Geschichte: Zu Beginn des Altertums waren es die Indoarier, später die Griechen und die Hunnen und schließlich im Mittelalter die Araber, die Türken und die Mongolen, die Indien immer wieder überfielen und es unterwarfen. Anfangs kannten die Inder keine Pferde, und später gelang es ihnen nie, die Kunst des Pferdezüchtens zu meistern. Den indischen Königen und ihren Fürsten fehlten immer Pferde guter Qualität, und so mussten sie aus Zentralasien eingeführt werden. Aber die Feinde kannten die Route, die Zentralasien mit Indien verband, und waren so meistens in der Lage, die Nachschublinien schon außerhalb des Subkontinents abzuschneiden.

Angesichts der späteren Entwicklungen des Hinduismus ist es bemerkenswert, dass ursprünglich Pferde Indras Reittiere gewesen waren. Jahrhunderte später musste er eben diese gegen den weißen Elefanten, Airāvata, eintauschen – ein Zeichen dafür, dass ein arischer Gott mit der Zeit indisch gemacht wurde.

Varuṇa

Varuṇa war der drittwichtigste Gott der Veden. Er unterschied sich jedoch von Indra darin, dass er königlich war und sich nicht wie ein Heeresführer benahm. Ihm fehlte die spielerische Art Indras oder der späteren Götter des

Hinduismus; er war ein strenger, moralischer Gott. Kraft seiner Allgegenwärtigkeit und der Schar seiner *spaśas* (Sanskrit für Spione) kannte Varuṇa jedes Geheimnis der Menschen. Er war immer zugegen, wenn sich zwei Menschen trafen und Pläne schmiedeten. Er duldete bei seinen Verehrern keine Sünden, seien es Übertretungen der rituellen Handlungen oder unmoralisches Tun oder Reden. Dabei waren die rituellen Handlungen der Priester nicht nur für die Erfüllung der Wünsche verantwortlich, sondern auch für die Erhaltung der kosmischen Ordnung – Sonnenaufgang und -untergang, Tag und Nacht, regelmäßiger Ablauf der Jahreszeiten usw. –, so genannte *ṛta*.

Der moralische Varuṇa war für den Tod der Menschen zuständig (seine Verehrer baten ihn darum, sie von seinen Schlingen zu befreien; Manḍala 1, Anuvāka 9, Sūkta 25), und er entschied auch, wohin die Verstorbenen kommen: in die Welt der Erde (eine Art vedischer Hölle) oder in die Welt der Väter.

Dieser Furcht erregende Gott wurde in späteren Zeiten zum Hüter einer Himmelsrichtung (des Westens) degradiert. Aber der gläubige Hindu erinnert sich heute noch jeden Tag an die einstige erhabene Stellung von Varuṇa und preist ihn in seinem Pflichtritual mit Mantras aus dem Ṛgveda (siehe unten Kap. X).

Sūrya

Sūrya, dessen Name ›die Sonne‹ verheißt, ist ein himmlischer Gott – eine überflüssige Bezeichnung, da alle Götter den Himmel bewohnen, sollte man meinen. Das Sanskritwort für Gott jedoch ist Deva und bedeutet so viel wie ›der Glänzende‹ oder ›Strahlende‹, was eben besonders für die Sonne zutrifft, die auch die Namen Mitra und Savitṛ trägt.

Sūrya schützt seine Verehrer und reinigt alle ihre Sünden. Er spendet allen Lebewesen Leben und Gesundheit. Wenn es dunkel wird und die Nacht hereinbricht, sorgt er dafür, dass Götter und Menschen in ihre jeweiligen Wohnstätten zurückkehren und dort bleiben (Ṛgveda, Maṇḍala 1, Anuvāka 7, Sūkta 35). Die vedischen Inder hatten eine heliozentrische Vorstellung von der Welt und lobten daher die Sonne als die Mitte des Alls, um die sich Sterne und Planeten drehen würden, die von der Sonne abhängig wären wie ein Wagenrad von seiner Achse.

Bereits in der ṛgvedischen Zeit fuhr Sūrya in einem Wagen, den Pferde zogen; die 50. Sūkta in der sechsten Anuvāka nennt präzise die Zahl dieser Pferde mit sieben, was die symbolische Vorstellung der sieben Farben des Sonnenlichts ist. Sūrya ist einer der wenigen vedischen Götter, die im späteren Hinduismus ihre Gestalt und ihre Attribute nicht verloren haben. Über die Jahrhunderte hinweg wurde der Sonnengott als Fahrer eines Wagens dargestellt, den sieben Pferde ziehen.

Rudra

Rudra heißt wörtlich ›der Furchterregende‹. Ihm näherte man sich gleichermaßen ängstlich wie Varuṇa. Er war der Herr über die Heilkräuter, die Krankheiten und die Tiere, lebte in abgelegenen Gegenden und trug eine verfilzte Mähne. Viele Mythen über Rudra (Śiva, Śankara sind u. a. seine Beinamen) sind bereits in den Veden in Keimform vorhanden, viele seiner Attribute – wie sein blauer Hals, seine drei Augen, seine tausend Augen, der Stier als sein Reittier, die Berge als sein Wohnort usw. – dort bereits erwähnt. Seine Waffe ist hier jedoch kein Dreizack wie in den späteren Darstellungen der Hindus, sondern Pfeil und Bogen.

Viṣṇu

Viṣṇu ist einer der wichtigsten Götter des vedischen Pantheons, zwar nicht von der Zahl der ihm gewidmeten Hymnen her gesehen, aber im Hinblick auf seine Taten. Kein anderer scheint seine Dimension zu haben. Indra, Rudra, Agni und die anderen – außer Sūrya und Varuṇa – scheinen ihrer Beschreibung nach übergroße Menschen mit übermenschlichen Kräften zu sein, d. h., sie lassen sich trotz ihrer Heldentaten mit Menschen vergleichen. Doch Sūrya, der durch den Weltraum wandelt, und Varuṇa, der allwissend ist und für die kosmische Ordnung sorgt, gehören zu einer Kategorie von Göttern, der auch Viṣṇu zuzurechnen ist, und in den Veden gibt es sehr wenige davon.

Etymologisch verstanden bedeutet Viṣṇu ›das Wesen, das sich in der ganzen Welt, Erde und Himmel, ausgebreitet hat‹ (Subrahmanya Śastri, S. 104). Der Ṛgveda beschreibt, wie Viṣṇu die drei Welten und die über ihnen liegenden erschuf (Manḍala 1, Anuvāka 21, Sūkta 154, 155). Doch in der Mythologie des späteren Hinduismus ist er kein Schöpfergott mehr, obschon auch hier eine Geschichte belegt, dass Viṣṇu im ganzen Weltall verbreitet ist.

Der Dämonenkönig Bali hatte alle Götter und Menschen besiegt und die drei Welten erobert. Um die Herrschaft der Götter wieder herzustellen, nahm Viṣṇu die Gestalt eines Brahmanenzwergs an und bat den großzügigen Bali um so viel Land als Almosen, wie er mit drei Schritten durchmessen könnte. Nach der Zusage des Dämonen fing der Zwerg zu wachsen an, bis er zum Himmel reichte. Mit dem ersten Schritt maß er die ganze Erde aus, mit dem zweiten den ganzen Himmel, und dann fragte er den Dämon, wohin er seinen dritten Schritt tun sollte. Bali bat ihn, den dritten Schritt auf seinen Kopf zu tun, womit

Viṣṇu ihn in die Unterwelt hinabpresste. Die ṛgvedischen Hymnen (ebenda und Maṇḍala 7, Anuvāka 100, Sūkta 616) preisen Viṣṇu und seine drei Riesenschritte: »Dreimal hat dieser Gott diese Erde, die hundert Sänger hat, in ihrer ganzen Größe abgeschritten. Viṣṇu soll den Vorrang haben, der stärker als stark ist, denn Furcht gebietend ist sein, des Standfesten, Name« (Ṛk 3).

Den vedischen Hymnen zufolge tat er es nicht, um einen Dämon zu besiegen, wie es die Mythologie der nachvedischen Zeit erzählt, sondern, wie diese Sūkta erwähnt, aus einem anderen Grund: um Manu, dem ersterschaffenen Menschen, einen Gefallen zu tun. »Ansässig wurden dessen besitzlose Leute. Er, der gute Geburt gibt, schuf die weite Wohnstatt.« Er schuf also den Nachfahren von Manu den Lebensraum, indem er die Dämonen (die Einheimischen?) vertrieb.

Die vedischen Hymnen verherrlichen außerdem andere Götter wie die Maruts (Windgötter), Aśvins (Sūryas Kinder), Uṣā (Dämmerungsgöttin) oder auch den Sōma, den berauschenden, pflanzlichen Saft, den die Gläubigen bei den Yajñas den Göttern anboten und anschließend selbst tranken.

Alle diese Götter waren durch Mantras und Opferrituale glücklich zu stimmen, und das war der Zustand, in dem sie dann den Gläubigen Wünsche erfüllten. Dabei musste man allerdings genau auf die Regeln achten: eine reine und exakte Aussprache der Mantras mit der richtigen Betonung der Silben, die richtige Himmelsrichtung, die penible Beachtung der Maßangaben der Feuerstelle und ihrer Bauanleitung, wie man das Feuer erzeugt, wie man Ghii in das Feuer gießt, welches Brennholz man verwendet usw. Schon ein kleiner Verstoß gegen die Vorschriften führte zu schlimmen Folgen. Daher brauchten die Menschen eine strenge Ausbildung, die ihnen diese Regeln und das richtige Rezitieren der Veden beibrachte.

Welch gefährlichen Folgen die falsche Aussprache der Mantras haben kann, lehrt die folgende Geschichte. Tvaṣṭṛ vollzog ein Yajña, um einen Dämon zu erzeugen, der seinen Feind, Indra, töten sollte. Bei dem Yajña sprach Tvaṣṭṛ aber eine einzige Silbe falsch aus. Zwar erzeugte das Feueropfer am Ende tatsächlich einen Dämon, aber er wurde von Indra getötet (vgl. Dasgupta, 1988, Bd. I, S. 21). Und damit hatte Tvaṣṭṛ noch Glück gehabt, denn er selbst hätte ums Leben kommen können: »*Mantrō hānissvaratōva varṇatōva, savāgvajro yajamānamhanti*« (Kṛṣṇamurti Śhastri, S. 13) – ›Durch falsche Aussprache einer Silbe oder falsche Betonung kann ein Mantra gefährlich werden; weswegen das Mantra den Gläubigen töten kann‹. Wie es auch der Kommentar Dasguptas besagt, werden die Wünsche der Menschen nicht auf Grund der Gnade Gottes erfüllt, sondern durch den Vollzug der Yajñas, als ob dies ein Naturgesetz wäre.

§ 10 *Die Veden sind unendlich, und niemand kann sie restlos studieren*

Wie bereits erwähnt, wurden die Veden nicht niedergeschrieben. Sie wurden jahrtausendelang durch ein kompliziertes System des Auswendiglernens aus dem Mund des Gurus an seine *śiṣyas*, Schüler, überliefert. Sie zu lernen und sich mit ihnen auseinander zu setzen, galt als eine angesehene Aufgabe, die den drei oberen Kasten (siehe § 11) vorbehalten war und mit der sich überwiegend die Brahmanen, die Priesterkaste, beschäftigte. Aber niemand konnte, auch bei jahrzehntelangem Studium, behaupten, die Veden vollkommen zu beherrschen oder restlos studiert zu haben. Weil nach indischer Tradition die Veden ewig da sind und unerschöpflich sind, kann niemand sie wie ein Buch bis zum Ende studieren. Das Ende entzieht sich dem sterblichen Aspiranten ständig. Es wäre reine Arroganz, zu glauben, man habe die Veden vollständig studiert oder man beherrsche sie.

Eine Episode aus der heiligen Schrift »Gurucaritra«, die die Lebensgeschichten zweier Lehrmeister, Sri Sripadavallabhas und seiner zweiten Inkarnation Sri Nrsimha Sarasvatis, erzählt, stellt diese Ansicht deutlich dar: Zu Lebzeiten des Lehrmeisters Nrsimha Sarasvati (1376–1456) zogen zwei arrogante Veda-Gelehrte durch das Land. Sie gingen von Königshof zu Königshof, von Stadt zu Stadt und forderten die Brahmanen heraus, mit ihnen über die Veden zu diskutieren. Falls sich die Brahmanen in der Disputation geschlagen gäben, sollten sie den Gelehrten ihre Niederlage durch ein Jayapatrika (schriftliches Siegeszeugnis) eingestehen. Dasselbe täten sie auch selbst, wenn sie die Wette verlieren würden. Die arroganten Gelehrten waren bei jeder Disputation siegreich und zogen auch dann noch über das Land, als in den Städten keine Gegner mehr zu besiegen waren. So kamen sie eines Tages zum Lehrmeister Nrsimha Sarasvati und forderten ihn auf, mit ihnen über die Veden zu diskutieren. Der Lehrmeister lehnte die beleidigende Herausforderung mit der Erklärung ab, dass das Ziel der Veden nicht Ruhm oder Reichtum, sondern Erlösung sei und dass Mönche wie er selbst und seine Schüler keinen Nutzen von Ruhm und Reichtum hätten. Außerdem sei es unklug zu behaupten, jemand habe die Veden vollständig studiert. Um diese Wahrheit zu verdeutlichen, erzählte er den Gelehrten die Geschichte von dem Heiligen Bharadwaja.

Dieser hatte den Wunsch, die Veden bis zu ihrem Endpunkt zu studieren. Er übte strenge Askese, um diesen Wunsch von Brahma, dem Schöpfer des Universums, gewährt zu bekommen. Von den asketischen Übungen glücklich gestimmt, schenkte ihm Brahma drei Tage aus seinem eigenen Leben. Ein einziger Tag des Schöpfers besteht aus zehntausend Zyklen der vier Yugas (Kṛtayuga, Tretayuga, Dwaparayuga und Kaliyuga), und jedes Yuga besteht wiederum aus Tausenden von Jahren (siehe Kap. XI). Am Ende von drei (göttlich langen) Tagen war Bharadwaja unglücklich mit seinem Veda-Studium, denn er stellte verzweifelt fest, dass er noch viel Zeit brauchen würde, um seinen Wunsch zu erfüllen. So meditierte er wieder asketisch auf den Schöpfer. Brahma erschien und sagte zu ihm: »Selbst ich kenne die Veden nicht vollständig. Komm mit, ich zeige dir die Veden«, und zeigte ihm die unendlichen Haufen von Veden, die wie Millionen von Sonnen augenblendend glänzten. Bharadwaja erschrak und dachte sich: »Mein ganzes Studium der Veden, die ich so lange studiert habe, entspricht nicht einmal so viel wie eine Handvoll dieser Veden. Wird es jemals möglich sein, selbst mit vielen Brahma-Tagen, das vollständige Veda-Studium zu beenden?« Daher bat der Heilige den Brahma, ihm so viel Zeit zu schenken, wie er für notwendig hielte. Brahma nahm drei Hand voll aus den unendlichen Haufen von Veden, schenkte sie dem Heiligen und segnete ihn damit, so lange zu leben, bis er das Studieren dieser kleinen Menge beendet habe. Der heilige Bharadwaja hat dieses Studium bis heute nicht abgeschlossen (Bharadwaja, S. 99).

§ 11 *Das Kastensystem*

Das Puruṣasūkta im Ṛgveda (Maṇḍala 10) enthält eine interessante und philosophisch-poetische Beschreibung, wie aus Puruṣa (dem Urwesen) Sonne, Mond, Feuer, Luft, Weltraum, Himmel, Erde und die Himmelsrichtungen entstanden. Es ist also eine Schöpfungsgeschichte, doch ohne einen Schöpfer. Dasselbe Puruṣasūkta berichtet auch, dass aus dem Gesicht desselben Puruṣas die Priester (Brahmanen), aus seinen Armen die Krieger (Kṣatriyas), aus seinen Schenkeln die Bauern (Vaiśyas) und aus seinen Füßen die Arbeiter (Śūdras) entstanden sind. Die Brahmanen beschäftigten sich mit den rituellen Aktivitäten und mit philosophischen Fragen, während die Kṣatriyas der Gesellschaft Schutz boten und im Gegenzug von den Vaiśyas, die sich zunehmend mit dem Handel beschäftigten, Steuern einnahmen.

Trotz der Aufgabenverteilung herrschte eine Solidarität unter diesen drei oberen Kasten, und in den vedischen Zeiten waren diese Aufgaben oder Berufe nicht so streng mit der Geburt in eine bestimmte Familie verbunden. Ein Brahmane, der eigentlich als Priester fungieren sollte, durfte König sein, und ein Kṣatriya-König durfte philosophische Weisheit vermitteln, was sonst den Brahmanen vorbehalten war. Zum König Janaka, einem Kṣatriya, kamen sogar Brahmanen, um in philosophischen Fragen unterwiesen zu werden. *Upanayana*, die Einweihung in die Sonnenmeditation (siehe unten Kap. X), war das Privileg der Angehörigen der oberen Kasten, wovon die Śūdras ausgeschlossen waren. Aber selbst die Śūdras waren am Anfang nicht so streng von den oberen Kasten ausgegrenzt. Einige von ihnen durften durch Upanayana eingeweiht werden.

Die Hymnen im Puruṣasūkta scheinen jedoch den Anfängen des Kastensystems eine religiöse Legitimation zu verschaffen. Die Sanskrit-Bezeichnung für Kastensystem ist Varṇavyavastha, was wörtlich übersetzt ›Farbensystem‹ (*varṇa* = ›Farbe‹, *vyavastha* = ›System‹) heißt und auf die anfängliche Situation der Indoarier auf dem Subkontinent hindeutet. Die hellhäutigen Neuankömmlinge wollten angesichts der andersartigen (unterworfenen) Einheimischen nicht ihre Identität verlieren und schlossen daher jene aus ihren Kreisen aus.

Als sich die Indoarier in Indien ausbreiteten und als mit der Entdeckung des Eisens (die zu besseren Äxten und Pflügen führte) dichte Wälder zu Agrarzwecken abgeholzt werden konnten und die Nomaden sesshaft wurden, erhielt das Kastensystem strengere Konturen. Bis zum Ende der vedischen Ära um ca. 600 v. Chr. hatte sich dann eine deutliche Trennung der Gesellschaft in vier Teile herausgeschält, mit den Śūdras als Arbeiterkaste, deren Pflicht darin bestand, den drei oberen Kasten zu dienen.

§ 12 *Auflehnung gegen den Vedismus*

Die Erstarrung der Gesellschaft durch ein Kastensystem und der Religion durch komplizierte Rituale könnte leicht zu dem Trugschluss verleiten, dass der Geist der Inder abgestumpft wurde und dass sie sich diesen Entwicklungen fügten. Aber nicht alle waren mit dem Zustand der Religion und ihrer Wirkung auf die Gesellschaft glücklich; es genügte ihnen nicht, den Göttern und den Naturkräften mit Yajñas eine Freude zu machen, ja, sie waren nicht mehr allein damit zufrieden, Hymnen auf die Sonne oder die Erde zu singen oder Indras Heldentaten zu bewundern. Einige von ihnen verließen die Gesellschaft und gingen in die Wälder, um dort in der Einsamkeit über die letzten Dinge nachzudenken und zu meditieren. Sie ließen die Naivität einer primitiven Religion zurück und wurden auf ernsthaftere Fragen aufmerksam. Sie wollten wissen, woher die Sonne, die Erde, ja sogar die Götter selbst kamen. Sie fragten nach der Ursubstanz, woraus alles entstanden sei. Sie wollten wissen, was der Mensch und was sein Wesen sei, sie wollten verstehen, was der Tod und die Geburt bedeuteten.

Sie verfassten die Upaniṣaden, in denen der Ursprung aller indischen philosophischen Schulen liegt. Darin stellten sie den Wert der Rituale in Frage. Die Muṇḍakōpaniṣad sagt unmissverständlich: »Die achtzehn Formen der Yajñas sind unstetig [d. h. unzuverlässig] und als minderwertig bekannt. Die Verblendeten halten sie für heilbringend und enden immer wieder in Alter und Tod« (Muṇḍakōpaniṣad, I.2.7). Dieselbe Upaniṣad erklärt weiter: »Naive Kinder, die vielfach in Ignoranz leben, denken sich, wir haben unser Ziel erreicht. Diejenigen, die Rituale vollziehen, verstehen nichts wegen des Weltverhaftetseins, und daher fallen sie [ins irdische Dasein zurück]« (I.2.9.). »Diese ignoranten Menschen, welche die Rituale für sehr wichtig halten, wissen nichts Besseres ...« (I.2.10).

Es gehört aber zur indischen Mentalität, selbst das nicht zu zerstören, was sich als falsch erwiesen hat. So wird in Indien der Wert des ›Falschen‹ nur relativiert, d. h., er wird einem höheren Wert untergeordnet und dadurch als ein Teil des Gesamten erhalten. In der Muṇḍakōpaniṣad werden also die Praktiken der Veden für minderwertig erklärt, aber nicht abgeschafft.

Dieselbe Upaniṣad erklärt, dass zwei Arten von Wissen zu erlangen sind – das höhere und das mindere –, und erläutert: »Zum minderen Wissen gehören der Ṛgveda, der Yajurveda, der Samaveda, der Atharvaveda, Śikṣa [Phonetik], Kalpa [Rituale], Vyākaraṇam [Grammatik], Niruktam [Etymologie], Chandas [Versmaß] und Jyōtiṣam [Astrologie – also alle Disziplinen, die mit dem Studium der Veden verbunden sind]. Das höhere Wissen ist das, mit dem man das Unvergängliche begreift« (I.1.5.). Mit dem höheren Wissen ist die Erkenntnis von Brahma – das Thema der Upaniṣaden – gemeint. Aber die Upaniṣaden stellen nie den göttlichen Ursprung der Veden in Frage.

Damit begann ein Streit im Hinduismus zwischen denjenigen, die die rituellen Handlungen hochhalten, und denjenigen, die dem Wissen den Vorrang einräumen und die Yajñas abwerten. Der Weg der einen heißt Karmamārga, der Weg der Handlungen, und der Weg der anderen Jnānamārga, der Weg der Erkenntnis. Seitdem bestimmen Karmamārga und Jnānamārga die geistige und sogar die gesellschaftliche Atmosphäre in Indien, wobei der Karmamārga mit seiner Betonung der Riten die orthodoxe und konservative Richtung vertritt und der Jnānamārga mit seiner Betonung der Erkenntnis und seiner Abneigung gegen das Priestertum der religiösen und gesellschaftlichen Erneuerung den Weg bereitet.

§ 13 *Religionen und Sekten*

Es waren nicht nur die Verfasser der Upaniṣaden in ihrer Waldeinsamkeit, die sich unglücklich fühlten, und es waren nicht nur die zu kompliziert gewordenen Rituale, die zu Unzufriedenheit führten. Obwohl im Großen und Ganzen die Brahmanen und Kṣatriyas zusammenarbeiteten und sich gegenseitig unterstützten, wurde es zunehmend strittiger, wer an der Spitze der Kastenhierarchie stehen sollte: Sowohl die Priesterklasse als auch die Kriegerkaste beanspruchten diese Stellung. So war es kein Wunder, dass Mahavira (der Gründer des Jainismus) und Siddhartha (der Gründer des Buddhismus), die die zwei größten Protestbewegungen gegen den Vedismus der Brahmanen in Gang setzten, beide aus der Kriegerkaste stammten.

Auch die Geschichte um Paraśurāma, der sechsten Inkarnation von Viṣṇu, deutet auf diese Rivalität und die blutigen Auseinandersetzungen zwischen den beiden Kasten hin. Paraśurāma, ein Brahmane und unverwüstlicher Held, rottete der Mythologie zufolge 21-mal die Kṣatriyas aus, ›reinigte‹ die Erde von ihnen und übergab sie den Brahmanen.

Die geistige Atmosphäre im 6. Jahrhundert v. Chr. war gleichermaßen von Unzufriedenheit wie von Hoffnung bestimmt. Einerseits wurden nun die nomadischen Arier zu sesshaften Bauern, und es entstanden wieder erste Städte, anderseits wuchs der Unmut unter den Angehörigen verschiedener Kasten. Einige von ihnen beschäftigten sich mit fundamentalen Fragen des menschlichen Daseins und stellten die Dogmen der Veden radikaler in Frage als die Verfasser der Upaniṣaden. Man spricht von insgesamt 62 Sekten, die in dieser Zeit entstanden und von denen die geistige Szene bestimmt wurde. Jedoch sollten nur ein paar von ihnen einen jahrhundertelang währenden Einfluss auf den Geist Indiens ausüben: Zwei dieser Sekten wurden sogar kurze Zeit nach ihrer Entstehung zu bedeutenden Religionen; andere waren kurzlebig oder vereinigten sich mit weiteren Gruppierungen und verloren ihre Identität. Die wichtigsten Abspaltungen vom Hinduismus sind die Buddhisten, die Jainisten, die Ajīvikas und die Cārvākas. Sie weisen alle gewisse Gemeinsamkeiten auf.

Der Kern der vedischen Religion bestand aus der Bemühung, die Götter durch die Yajñas zu befriedigen, um viele Söhne, Kühe, Geld, Siege über die Feinde – also vor allem materiellen Wohlstand – zu erlangen. Dabei war der Gegenstand der religiösen Aufmerksamkeit ein Gott oder eine Naturgegebenheit. In den Upaniṣaden und in den Sekten der nachvedischen Zeiten richtete sich diese Aufmerksamkeit wieder von außen nach innen, wodurch das Individuum und seine Seele (*ātman*) zum Objekt der Untersuchungen und Spekulationen wurde.

Hier fand sozusagen eine kopernikanische Wende statt. Man fragte nun: Wer ist der Mensch? Was ist seine Beziehung zu der Welt? Was passiert, wenn er stirbt? Überlebt er den Tod, oder wird er eins mit der Erde? (So, wie der junge Naciketa in der Kaṭhōpaniṣad fragt.)

Da es den neuen Suchern nicht so sehr um Wohlstand ging, fanden sie die vedischen Riten unnütz. Wird an einigen Stellen in den Upaniṣaden der Wert der vedischen Riten in Frage gestellt, so lehnten die neuen Sekten diese Rituale gänzlich ab und wandten sich somit gegen die Autorität der Veden. Die Cārvākas (wörtlich ›Menschen mit lieblicher Rede‹), wie die indischen Materialisten genannt wurden, machten sich über die Todesrituale lustig, bei denen den Verstorbenen alljährlich Essen geopfert wird. Sollte es wahr sein, meinten sie, dass die Verstorbenen im Jenseits das geopferte Essen bekämen, so bräuchten auch Reisende keine Wegzehrung mitzuschleppen; ihre Angehörigen müssen nur mittags und nachts Opferriten vollziehen, um den Hunger der Verreisten zu stillen.

Die Sekten zeigten eine starke Neigung zum Atheismus. Der Buddha widerlegte viele bestehende Argumente, die die Existenz Gottes beweisen sollten, zum Beispiel das vom Topf und dem Töpfer (Radhakṛṣṇan, S. 453). In seiner ursprünglichen Lehre ist der Buddhismus atheistisch. Die Jainisten leugneten zwar nicht die Existenz Gottes, sie ordneten ihn jedoch dem Arhat, dem vollkommen Erleuchteten, unter; dem Arhat schrieben sie eben jene Allgegenwärtigkeit, Allmacht und Allwissenheit zu, die sonst nur Gott zugedacht werden. Die Cārvākas vertraten den Atheismus am vehementesten. Alle diese Strömungen gingen von den ewig existierenden vier Elementen aus. Die Existenz des fünften Elements, Äther, *ākāśa*, erkannten die Buddhisten und die Cārvākas nicht an. Die Welt und alle Lebewesen ergeben sich ihnen zufolge dadurch, dass sich die vier Elemente verschieden kombinieren. Daher ist kein Schöpfer vonnöten.

Die Buddhisten, die Jainisten, die Ajivikas und sogar die Cārvākas glaubten jedoch an eine strenge Gesetzmäßigkeit in der Welt. Für die Buddhisten und Jainisten hieß dieses Gesetz, wie auch bereits für die damaligen Hindus, *karma*. Karma bestimmt nicht nur den Gang der Welt, sondern auch das Leben der Menschen. Diese beiden Religionen sind insofern optimistisch geartet, als das Karma-Gesetz keineswegs Fatalismus bedeutet. Die spirituelle Anstrengung besteht letzten Endes darin, die blinde Macht dieses Gesetzes zu überwinden (vgl. Gunturu, 1999, S. 200f.).

Die Ajīvikas, die dieses Gesetz *niyati* nannten, glaubten jedoch, dass der Mensch, gleich welche Anstrengungen er unternimmt, aus den Zwängen dieses Gesetzes keinen Ausweg findet. Die Erkenntnis und Anerkennung eines solchen Gesetzes führte die Buddhisten, die Jainisten und merkwürdigerweise auch die Ajivikas zu einer streng asketischen Haltung.

Auch für die indischen Materialisten ist das Weltgeschehen – die Entstehung der Pflanzen, Tiere, Menschen usw. – auf Gesetzmäßigkeiten zurückzuführen. Diese Gesetzmäßigkeiten sind jedoch keine metaphysischen Kräfte wie *dharma* oder Karma, sondern die reinen materiellen Eigenschaften (*svabhāvas*) der vier Elemente. Wenn diese vier sich verschieden mischen, entstehen die Welt, ihre Lebewesen und Menschen.

Darin besteht wiederum eine Gemeinsamkeit zwischen dem Vedismus und verschiedenen anderen Sekten: Alle glauben an Karma, Ṛta oder Dharma, die wie eine übernatürliche Kraft die Welt lenken, während es für die Materialisten in der Natur der Materie liegt, ob sie sich so oder anders verhält. Die Elemente können sich verschieden kombinieren und verschiedene Dinge, Pflanzen, Tiere oder Menschen hervorbringen, doch alles, was dabei entsteht, bleibt Materie. Aus Gleichem entsteht das Gleiche, nie etwas anderes. Aus der Materie kann niemals eine nichtmaterielle Entität wie die Seele entstehen. Also kann die Seele des Menschen oder des Tieres für die Cārvāka-Philosophen nur eine Konstruktion der Brahmanen sein, um komplizierte Rituale für die Verstorbenen einzurichten und sich dadurch zu bereichern. Ihnen zufolge gibt es keinen Faktor namens Seele, die den Tod des Menschen überlebt. Nach dem Tod kehren alle Elemente, aus denen der Mensch (d. h. sein Körper, weil der Mensch nichts anderes als sein Körper ist) bestand, wieder zu den bestimmten Elementen zurück, wie Erde zu Erde, Wasser zu Wasser usw. Da es sowieso keine Seele gibt, ist Wiedergeburt undenkbar.

Auch hierin unterscheiden sich Buddhismus und Jainismus und sogar die Ajivikas von den Cārvākas. Trotz ihrer Ablehnung des Vedismus haben diese Sekten wie auch die Verfasser der Upaniṣaden den Glauben an die Existenz der Seele und an ihre Unsterblichkeit übernommen, wodurch sie den Tod eines Menschen nur als Übergang zur nächsten Geburt ansahen. Alle glaubten an die Wiedergeburt, die vage und in Keimform in den Veden vorkommt und in den Upaniṣaden ihre volle Reifung erfährt (z. B. Bṛhadāraṇyakōpaniṣad IV, 4, 1–7).

Dass diese Welt voller Leid und das Dasein des Menschen von Unglück getränkt sei, war eine Grunderkenntnis, die die ganze Philosophie der Upaniṣaden und der neuen Sekten bestimmte. Es sei unnütz, wenn die zufrieden gestellten Götter dem Menschen viele Söhne, viel Vieh oder Geld schenken, solange das Leben in seinem Grund von Trauer geprägt ist. Das ganze Streben bestand daher in *mōkṣa*, in der Suche nach einem Ausweg aus diesem Leid.

Die Denker der Upaniṣaden fanden den Zyklus der Geburten unerträglich. Und auch die Buddhisten und Jainisten strebten die Beendigung der Kette der Wiedergeburten an. Mit ihnen waren die Ajivikas insofern einig, als auch ihrer Auffassung nach das Leben aus Leiden besteht. Das Schicksal der Menschen wird von dem übernatürlichen Gesetz Niyati bestimmt, und alle Anstrengungen, es zu umgehen, sind vergeblich. Nur die Cārvākas sahen es radikal anders: Wir haben dieses eine Leben, und dieses gilt es zu genießen.

Buddhisten, Jainisten, Ajivikas und Cārvākas blieben jahrhundertelang ein wichtiger Faktor im religiösen Leben Indiens. Buddhismus und Jainismus verbreiteten sich so sehr, dass die Hindus – ab dem 3. Jahrhundert n. Chr. kann man von dem Hinduismus sprechen, den wir heute kennen – der Herausforderung begegnen mussten, sich mit ihnen zu messen. Um konkurrenzfähiger zu werden, konnten sie nicht anders, als die Methoden und zum Teil auch die Lehre der Buddhisten und Jainisten zu akzeptieren und sie in ihre eigene Religion zu integrieren. So lernten sie von ihren Gegnern die Kunst der logischen Argumentation. Der Hinduismus kannte in seiner vedischen Phase weder Bilderverehrung noch Tempel oder sonstige Kultstätten, wie sie bei den Buddhisten und Jainisten üblich waren. Deshalb sind die Statuen und Tempel des späteren Hinduismus zum größten Teil ihren Rivalen zu verdanken.

Die Reformbewegungen konnten jedoch die ursprüngliche Reinheit ihrer Lehren nicht sehr lange beibehalten. Bald entwickelten sich aus der Lehre des Buddha zwei Richtungen: Hinayāna (kleines Fahrzeug) und Mahāyāna (großes Fahrzeug). Der Mahāyāna-Buddhismus übernahm vom Hinduismus die Vielzahl seiner Götter, wenn sie auch eine untergeordnete Rolle spielen sollten, und die Anhänger des Buddha, die in ihm ursprünglich nur einen Lehrmeister gesehen hatten, fingen an, ihn wie einen Gott zu verehren.

Ähnliche Entwicklungen fanden auch bei den Jainisten statt, obwohl sie viel konservativer als die Buddhisten blieben. Heute findet man in einem Jaina-Tempel in Indien Statuen aller Götter des Hindupantheons.

In der nachvedischen Zeit (vom 6. Jh. v. Chr. bis zum 3. Jh. n. Chr.) wandelte sich die Götterwelt der Hindus. Die Gestalt, die sie damals erhielt, ist bis heute erhalten geblieben.

Kapitel IV
Vedische Elemente im Hinduismus

Als die Ankunft der Indoarier die geschichtliche Entwicklung Indiens veränderte, blieb auch die Religion nicht unberührt. Nach der Zerstörung der Industal-Zivilisation wurden die Arier im Lauf der Jahrhunderte sesshafte Bauern, und sie gründeten Königreiche mit Städten. Damit wandelten sich ihre Bedürfnisse und Vorstellungen. Sie dachten nicht mehr in Kategorien wie Befreiung der Flüsse oder der Kühe durch die Tötung von Dämonen oder wie Überfall auf die Städte der Feinde und deren Zerstörung. Die Bauern der sesshaft gewordenen Gesellschaft, ihre Händlerklasse (Vaiśyas) und ihre Geldwirtschaft brauchten einen zuverlässigen Staat, einen starken König, der sie schützte, und Frieden, damit die Wirtschaft gedeihen konnte. Dem entspricht, dass die Stifter der beiden neuen Religionen, Jainismus und Buddhismus, Frieden und Gewaltlosigkeit als die höchste Tugend unterstrichen und dass die Brahmanen ihre Riten mit einer Beschwörung des Friedens, *śānti*, beendeten.

Diese gesellschaftlichen und wirtschaftlichen Veränderungen hatten insofern Einfluss auf das vedische Pantheon, als die Götter neu gemischt wurden. Es gab einige Verlierer und einige Gewinner, denen neue Attribute zugewiesen wurden.

§ 14 *Verwandlung der Götter*

Indra und Viṣṇu

Die Kuhhirten verehrten den Gott Indra, da er Regen brachte und die Kühe schützte. Der siebenjährige Kṛṣṇa (die achte Inkarnation von Viṣṇu) überzeugte sie eines Tages, den Berg Gōvardhana in Bṛndāvana anstatt Indra zu verehren, da dieser Berg ihre Rinder ernähre und für Regen sorge. Überzeugt von Kṛṣṇas Vorschlag, verehrten die Kuhhirten den Berg und brachten ihm Opfer. Der empörte Indra schickte daraufhin schreckliche Regenfälle nach Bṛndāvana und bedrohte das Leben der Menschen und Tiere. Kṛṣṇa übernahm die Verantwortung für den Schutz der Kuhhirten und der Rinder. Er hob den Berg Gōvardhana auf seinem kleinen Finger hoch und hielt ihn sieben Tage lang wie einen Regenschirm über sich, sodass alle Lebewesen darunter Zuflucht fanden. Am Ende des siebten Tages besuchte ihn Indra mit seiner Frau Indrani und lobte seine Heldentat.

Ein andermal wollte Kṛṣṇa den Pārijāta-Baum aus dem Himmel, dem Wohnort Indras, haben, da seine Lieblingsfrau Satyabhama den Baum begehrte. Das verursachte einen Streit zwischen den beiden Göttern, und wieder musste sich Indra geschlagen geben.

Nach den vedischen Hymnen war Indra der mächtigste Gott und konnte mit seiner Diamantenwaffe Dämonen töten, Kühe von ihnen befreien, sie schützen und Regen schicken. Einige Hymnen loben Viṣṇu und seine Freundschaft mit Indra. In den nachvedischen Zeiten findet jedoch, wie zu sehen war, ein klarer Rollentausch statt. Man brachte nicht mehr Indra mit Kühen oder Kuhhirten in Zusammenhang, sondern vielmehr Viṣṇus Inkarnation

Kṛṣṇa, der auch dementsprechend mit Beinamen Gōpāla, Hüter der Kühe oder Kuhhirten, heißt. Und Viṣṇu, der zu einem der wichtigen Götter des Hinduismus wurde, schreitet seitdem nicht mehr vage mit drei Schritten durch das abstrakte Universum, sondern inkarniert sich immer wieder, um konkret in die Weltgeschichte einzugreifen: um die Guten zu schützen, die Bösen zu bestrafen und immer dann wieder Dharma, die Gerechtigkeit, herzustellen, wenn sie verloren geht. Daher inkarnierte er sich als Zwerg, um den Dämon Bali zu überlisten und im nächsten Augenblick in der überdimensional großen Form des Trivikramas in zwei Schritten Erde und Himmel auszuschreiten und mit dem dritten den Dämon in die Unterwelt zu drücken (siehe oben § 9).

Jedes Mal, wenn sich Viṣṇu inkarnierte – nach der Tradition tat er es zehnmal –, tötete er einen oder mehrere Dämonen, die die Vormachtstellung der Götter gefährdeten und eine Bedrohung für die frommen Menschen und die Erde darstellten.

In seiner ersten Inkarnation erschien er als Fisch (Matsya), um die gestohlenen Veden von dem Dämon Hayagrīva zurückzuholen und den ersten Mann der Schöpfung, Manu, vor einer Überschwemmung durch den Ozean zu schützen.

In der zweiten Inkarnation als Schildkröte holte er aus dem Ozean bestimmte Dinge zurück, die in der Flut verloren gegangen waren, und bot sich den Göttern und Dämonen als Stütze für den Berg Mandara an, als sie mit diesem Berg den Milch-Ozean quirlen wollten.

Als der Dämon Hiraṇyākṣa die Erde in die Tiefe des Meeres zog, stieg Viṣṇu in seiner dritten Inkarnation in Form eines Ebers hinab und rettete sie.

Zur Bekämpfung des fürchterlichen Hiraṇyākaśipu, der wegen eines vom Schöpfergott Brahma gewährten Wunsches weder von Menschen noch von Göttern noch Tieren getötet werden konnte, inkarnierte sich Viṣṇu wieder, diesmal als Halblöwe und Halbmensch, und tötete ihn. Als Brahmanenzwerg bändigte er Bali, als Axt tragender Rāma, Paraśurāma, eliminierte er einundzwanzigmal die Kṣatriyas, als Rāma tötete er den zehnköpfigen Rāvaṇa, und in seiner achten Inkarnation erschien er als Kṛṣṇa.

Seine neunte Inkarnation ist eine kuriose Konstruktionsleistung der Brahmanen. Die Lehre des Buddha war nach seinem Tod (483 v. Chr.) innerhalb kurzer Zeit zu einer Religion angewachsen, die bald viele Anhänger in Indien und später auch in anderen Ländern fand. Der Erfolg des Buddhismus war eine große Herausforderung für die Hindu-Religion, weswegen sie sich auf vielen Ebenen reformieren musste. Mit der Zeit integrierte man das Beste des Buddhismus – seine Philosophie der Leerheit (man denke an Śankaras Advaita, siehe unten § 44) und die Lehre von der Gewaltlosigkeit – in den Hinduismus. Dadurch wurde die Bedeutung des Buddhismus in Indien relativiert und abgewertet – was einen der Gründe darstellt, weswegen er hier verschwand und in den Nachbarländern nicht. Trotz allem empfanden die Hindus großen Respekt vor dem Buddha und deklarierten ihn fromm zur neunten Inkarnation von Viṣṇu. Nun hatte er jedoch nach dem Willen der orthodoxen Hindus eine bizarre Rolle zu spielen: Er sollte die Dämonen und Bösewichter ermuntern, die heiligen Veden zu beschimpfen, das Kastensystem abzulehnen und die Existenz der Götter zu leugnen, damit sie sich schneller ihrem Ende näherten.

Kali wird in Zukunft Viṣṇus letzte Inkarnation sein. Sie wird am Ende des Kaliyugas, des jetzigen sündhaften Zeitalters, erscheinen, um die Welt endgültig zu reformieren.

Bevor sich Viṣṇu inkarniert, vergehen in der Regel Jahrtausende. So lange müssen die Eremiten in den Bergen oder Wäldern auf einem Bein oder auf dem Kopf stehend still meditieren. Erst dann erscheint er seinen Verehrern und rettet sie aus ihrem Leid. Was macht Viṣṇu in der Zeit zwischen zwei Inkarnationen? Und was tat er vor allen seinen Inkarnationen, am Anfang der Schöpfung? Bei der Beantwortung dieser Fragen erweist sich, dass der heute gültige Hinduismus nur einige wenige Eigenschaften nennt, welche die Veden nicht kennen.

Die nachvedischen Schriften zeigen Viṣṇu in einem yogischen Schlummer, *yōganidra*, auf der zu einem weichen Bett gewundenen tausendhaubigen Schlange Ādiśeṣa ruhend. Die tausend Hauben von Ādiśeṣa breiten sich wie ein Sonnenschirm über Viṣṇus Kopf aus, und das Schlangenbett selbst schwebt auf einem Ozean. Am Fußende des Bettes sitzt seine Gemahlin Lakṣmi und massiert sanft seine Füße. Aus seinem Nabel wächst ein Stiel mit einer Lotusblüte hervor, worauf Brahma, der Schöpfer des Universums, mit seinen vier Gesichtern und vier Armen sitzt. Viṣṇu hat selbst vier Arme, die seine unverkennbaren Attribute tragen: Diskus, Muschel und Keule, während die vierte, wunschgewährende Hand leer bleibt.

Wenn sich Viṣṇu inkarniert, folgen ihm alle seine Attribute sowie seine Frau Lakṣmi und die Schlange Ādiśeṣa zur Erde und inkarnieren sich ebenfalls, um ihn in seiner Mission zu unterstützen. So inkarnierte sich in seiner Rāma avatāra, als er den zehnköpfigen Rāvaṇa tötete, Lakṣmi als Sita, Ādiśeṣa als sein Bruder Laksmana und der Diskus und die Muschel als die anderen zwei Brüder Bharata und Satrughna.

Das Schlangenbett mit Viṣṇu darauf sowie Lakṣmi, Brahma und der Ozean bilden den Ausgangspunkt für viele Geschichten, so z. B. für die von Devibhagavata. Während der ganzen Entwicklungsgeschichte der Eigenschaften Viṣṇus kommt ihm immer die Funktion des Erhalters des Universums bzw. der Schöpfung zu. Im nachvedischen Hinduismus wird er stets mit seiner Gemahlin Lakṣmi dargestellt, die für Wohlstand zuständig ist.

Nun ein Blick auf den nachvedischen Indra. Die Betrachtung der nachvedischen religiösen Literatur (vor allem auf die Itihāsas und Purāṇas, die Epen) vermittelt den Eindruck, als ob es tatsächlich ein Gefecht zwischen Viṣṇu und Indra gegeben hätte und Indra nach dem Einbüßen seiner Macht in der Hierarchie der Götterwelt zurückgesetzt worden wäre. Die Purāṇas nennen ihn immer noch den König der Götter. Doch man fragt sich, über welche Götter Indra König ist. Die wichtigsten Hindu-Götter sind Brahma (der Schöpfer), Viṣṇu (der Erhalter) und Śiva (der Zerstörer), die Trimūrtis (die Trinität), ihre Reittiere, die fast denselben Status wie diese Götter genießen, und ihre Gemahlinnen Sarasvati, Lakṣmi und Pārvati, dazu die Inkarnationen von allen diesen Gottheiten sowie ihre Söhne wie z. B. Gaṇeśa und Subrahmaṇya: Indra ist nicht mächtiger als irgendeine dieser Gottheiten. Wie die Purāṇas berichten, bittet Indra diese Götter, ihre Ehefrauen oder sogar ihre Kinder um Schutz, wenn die Götterwelt von Dämonen bedroht wird.

Noch ein weiterer Umstand wertet Indras Stellung ab. Sein Wohnort (sowie der anderer Götter) ist der Himmel, und der Himmel ist ursprünglich das Reiseziel aller Menschen, wenn sie gute Taten begehen oder tugendhaft leben. Mit der Fortentwicklung des Hinduismus bleibt die Vorstellung vom Himmel, *svarga*, zwar als Wohnort der Götter erhalten, verliert aber seine Attraktivität als Reiseziel der Gläubigen nach ihrem Tod. Dafür überschattet zunehmend der Begriff *sānnidhya*, Nähe, (d. h. Gottesnähe) den des Himmels. Dies war eine Folge davon, dass der Begriff *iṣṭhadevata*, Lieblingsgott, entstanden war; demnach verehrt jeder Gläubige einen bestimmten Gott oder eine bestimmte Göttin, die für ihn der oder die allerwichtigste ist. Die Beziehung zwischen dem Gläubigen und seiner Gottheit wird durch Liebe oder Freundschaft bestimmt. Nach dem Tod möchte der Fromme die Nähe seiner Gottheit erlangen, weil diese Nähe für ihn den eigentlichen Himmel bedeutet. So wünscht sich ein Viṣṇu-Anhänger, in die Welt von Viṣṇu, *vaikunṭha*, zu gehen, und der Śiva-Anhänger, in *kailāsa*, Śivas Welt, zu kommen, welche er gegen keinen Himmel eintauschen möchte.

Indra blieb also nicht mehr so mächtig wie zu vedischen Zeiten. Ist der von den Veden als jugendlich gepriesene Gott durch die Jahrhunderte bejahrt? Welche Rolle hat er noch im Hinduismus zu spielen? Offensichtlich schützt er eifrig die Vormachtstellung der Götter. Wenn er sieht, dass sie von einem Dämon bedroht wird, versucht er diese Gefahr abzuwenden, indem er einen Gott der Trinität um Hilfe bittet. Geht die Bedrohung von einem Menschen aus, der durch Askese zu Gott werden will, so schickt er ihm seine himmlischen Hetären, um ihn in Versuchung zu bringen. (Dies tat er beispielsweise, als er den Eremiten Viṣvāmitra in seiner strengen Askese stören wollte; die von Indra beauftragte Menaka betörte den Eremiten durch ihre Reize erfolgreich.)

In der heutigen Ausformung des Hinduismus hat Indra die Rolle eines Wächters der Himmelsrichtung Osten inne – ein Schicksal, das Varuṇa (zuständig für den Westen) mit ihm teilt. Ansonsten ist Indras Bedeutung in der überbevölkerten Welt der Hindu-Götter so geringfügig, dass in Indien bei den Verfilmungen der mythologischen Stoffe seine Rolle nur von besseren Komparsen besetzt wird.

Prajāpati – Brahma

In den Veden finden sich keine klaren Belege dafür, dass es einen Schöpfergott gibt. Das Wort *prajāpati* bedeutet soviel wie ›der Herr der Kinder‹ (*prajā* = ›Kinder‹ und *pati* = ›der Herr‹) und im übertragenen Sinn ›Schöpfer‹. Es ist ein Attribut, das in den Veden mehreren Göttern zukommt, so etwa Indra, Sāvitri oder Hiraṇyāgarbha.

Brahma ist ein wichtiger Gott des späteren Hinduismus; auch ihm kommt das Attribut Prajāpati zu. Brahma ist hier der Erste in der Trinität und allein zuständig für die Schöpfung, die er nach den in den Veden genannten Gesetzen erschafft. So wird er mit einem Palmblatt-Manuskript in einer seiner vier Hände dargestellt. Er ist vierköpfig und sitzt auf dem Lotus, der aus dem Nabel des liegenden Viṣṇu wächst. Ein weißer Schwan ist sein Reittier.

Seine Gemahlin, Sarasvati, ist aus einer Verschmelzung der Göttin Vāk, wörtlich ›Das Wort‹, die bereits im Ṛgveda vorkommt, und einer Flussgöttin entstanden. Im späteren Hinduismus fungiert sie als Herrin der Sprache; so wird sie im Skandapurāṇa mit den Beinamen *Bhāṣa* (›Sprache‹) und *Bhāṣāvatī* (›Besitzerin der Sprache‹) gepriesen. Sie ist die Geberin allen Wissens und der Wissenschaften, *Sarvavidyāpradāyini* genannt, sowie der schönen Künste und der Dichtung, *Kālanātha*, *Kavitvada*. Sie ist hellhäutig, zieht weiße Kleider an und sitzt auf einem weißen Lotus. Zu ihren Reittieren zählen Pfau und Schwan. Wegen ihrer Kraft wird sie von Brahma, Viṣṇu, Śiva und anderen Göttern verehrt *(ya brahmacyuta śankara prabhritibhir devaissadā pūjitā)*. Sie ist vierarmig und hält in einer Hand ein Buch, in einer anderen eine Meditationskette und in einer das Musikinstrument *vīṇa*.

Rudra – Śiva

In der vedischen Zeit war Rudra (der Furcht Erregende oder der Heulende) kein angenehmer Gott. Zwar war er der Herr der Heilkräuter, der Rinder und der Krankheiten und er vernichtete die Feinde, wie es auch die anderen Götter taten, aber man bat ihn auch darum, dass er seinen Verehrern keine Schaden zufüge. Im späteren Hinduismus scheinen sich einseitig seine negativen Eigenschaften vollständig entfaltet zu haben, sodass die Zerstörung des Universums sein Zuständigkeitsbereich geworden ist. Sein Name ist nun Śiva, und in der Trinität ist Zerstörung seine Aufgabe. Damit trägt die Hindu-Trinität Verantwortung für die drei Bereiche: Schöpfung (Brahma), Erhaltung (Viṣṇu) und Zerstörung (Śiva).

Bei der Tötung der Bösen verwendete Rudra am Anfang Pfeil und Bogen. In neuerer Zeit ist Śiva jedoch in bildlichen Darstellungen ausschließlich mit einem Dreizack zu sehen. Seinen Kopf schmücken die Flussgöttin, Ganges, und eine Mondsichel – daher seine Beinamen *Gangādhara* und *Candrasekhara*. Viele Legenden haben sich um ihn gebildet. So ist sein blauer Hals eine Folge dessen, dass er das gefährlichste Gift *kālakūṭaviṣa* verzehrt hat, um die Welt vor einer Katastrophe zu schützen. Gleichzeitig ist einer seiner tausend Namen im Epos »Mahābhārata« Sarvabhutahara, ›Zerstörer aller Lebewesen und Elemente‹, sein Wohnort ist die Verbrennungsstätte, und er beschmiert sich das Gesicht mit der Asche der verbrannten Leichen.

Aber je Furcht erregender er geworden ist, desto gnädiger und leichtgläubiger ist er auch geworden. Die Hindu-Mythologie ist voller Geschichten, wie Śiva Dämonen gefährliche Wünsche gewährt und die Welt in Gefahren stürzt. Wegen seiner Gutgläubigkeit wird er ›der Naive‹ (Bhōlā) genannt.

Die Sanduhrtrommel (*ḍhamaru*) ist ein anderes Attribut Śivas, das er immer trägt. Nach der Mythologie trommelte er am Anfang rhythmisch, und aus diesen rhythmischen Geräuschen sind alle Laute der menschlichen Sprache hervorgegangen, obwohl Sarasvati für die Sprachen zuständig ist. Diese Laute von Śivas Urtrommeln sind in der Sanskritgrammatik mit dem Begriff *mahesvarasūtrāṇi* gekennzeichnet.

Bei der Zerstörung des Universums tanzt er rhythmisch und trommelt dazu. Sein *pralayatānḍava*, der Weltuntergangstanz, beendet den Zyklus der Schöpfung, um den Weg für die neue Schöpfung freizumachen. Damit kommt Śiva in der nachvedischen Zeit eine zusätzliche Eigenschaft zu. Er ist der Tanzmeister, Nataraja (›König des Tanzes‹), und er tanzt nicht immer nur für den Weltuntergang. Zum Vergnügen tanzt er mit seiner Gemahlin Pārvati, wobei jeder der beiden der Beste sein möchte. Einmal konnte nicht entschieden werden, wer der Bessere war: Jeden Schritt und jede Figur, die Śiva darstellte, vollführte auch Pārvati mühelos. Das beleidigte Śiva in seiner Eitelkeit so sehr, dass er so weit ging, seine Frau durch eine unlautere Taktik zu besiegen. Nach einer schönen Figur hob er plötzlich sein Bein hoch in die Luft, worauf ihn Pārvati erstarrt ansah und sich geschlagen geben musste. Das lag daran, dass die Inderinnen Saris tragen, die wie Röcke – für solche Akrobatik ungeeignet sind.

Unter den Göttern der Trinität scheint Śiva der Einzige zu sein, der ein fruchtbares Eheleben führt. Der Mythologie nach heiratet er, nach dem Tod seiner ersten Frau Sati, Pārvati und hat mit ihr zwei Söhne, Gaṇeśa und Subrahmaṇya, beide wichtige Götter. Brahma und Viṣṇu blieben dagegen kinderlos.

Agni

Agni war der wichtigste Gott in den Veden, und auch er musste einen Teil seiner ehemaligen Glorie einbüßen. Durch die Reform- und Protestbewegungen und die philosophischen Spekulationen der Upaniṣaden verloren die Yajñas ihre ehemalige zentrale Bedeutung, der einzige Weg zu Gott zu sein. Das bedeutete zugleich die Abwertung Agnis im religiösen Leben Indiens. Zwar wurden immer noch Yajñas vollzogen, woran Hunderte von Brahmanen beteiligt waren (und sie finden auch heute noch statt), aber die Reformbewegungen hatten dafür gesorgt, dass die Yajñas nicht mehr der einzige Weg zu Gott waren. Es hatte sich eine liebevolle persönliche Beziehung zu Gott aufgetan, und sie war populär geworden.

Agni verlor einen Teil seiner Bedeutung an Rudra-Śiva und wurde gleichzeitig Wächter der Himmelsrichtung Südosten. Doch obwohl man sie nicht mehr so eifrig wie in vedischen Zeiten vollzieht, bestimmen die Feuerriten immer noch wichtige Zeremonien der gläubigen Hindus wie zum Beispiel die Hochzeitszeremonie, die Einweihung in die Sonnenmeditation oder die Todesrituale (*śrāddha*).

Der Sonnengott

Der Sonnengott hat im Pantheon der Hindus einen beachtenswerten Aufstieg erlebt. Verglichen mit den Veden bleibt seine Erscheinungsweise unverständlich, vor allem für Außenstehende. Den vedischen Viṣṇu betrachten die Gelehrten nur als einen Aspekt der Sonne, des Sonnengottes, und sie meinen, seine drei Schritte seien nur drei Stadien der Sonne – der Aufgang, der Mittag und der Untergang. Wenn das so war, dann hatte mit der Zeit eine Trennung der Sonne von Viṣṇu stattgefunden. Viṣṇu wurde der

Erhalter des Universums. Wer aber ist der Sonnengott, der Lebenspender der Veden?

Der Sonnengott bleibt weiterhin der Lebenspender aller Lebewesen; dieser Bedeutung ist man sich bewusst. Aber trotz ihrer Trennung von Viṣṇu büßt die Sonne kein bisschen von ihrer Bedeutung ein, ganz im Gegenteil wird sie zum wichtigsten Gott des späteren Hinduismus. Der Sonnengott verleiht seinen Verehrern langes Leben, Gesundheit, Fröhlichkeit und heilt alle Hautkrankheiten, darunter auch die Lepra (wie das »Sūryaśataka« das Beispiel ihres von Lepra geheilten Autors Mayura zeigt).

Der Sonnengott ist überdies der Vernichter der gefährlichsten Feinde, wie es die Passagen über den Krieg im Rāmāyana zeigen. Das Rāmāyana erzählt die Lebensgeschichte von Rāma, Viṣṇus Inkarnation. Hier steht Rāma auf dem Schlachtfeld seinem Feind Rāvaṇa gegenüber. Rāma hat bereits alle seine besten Waffen gegen seinen Feind eingesetzt und konnte ihn trotzdem nicht besiegen. Daher ist er deprimiert, traurig, erschöpft und ratlos. Der heilige Agastya tritt an Rāma heran und bringt ihm Hymnen auf den Sonnengott (Ādityahṛdaya) bei und erklärt Rāma: »Höre, o Rāma! Mit ihrer Hilfe wirst du alle Feinde im Krieg besiegen!« *(Yena sarvān arīn vatsa samare vijayiṣyasi).* Rāma rezitiert diese Hymnen dreimal, und mit wiedergewonnener Kraft und Fröhlichkeit tötet er den Dämon mit einem einzigen Pfeil. Das Beachtenswerte hierbei ist, dass Rāma, Viṣṇus Inkarnation, seinen Feind erst mit der Hilfe des Sonnengottes schlägt.

Auch die Stellung des Sonnengottes in Astronomie und Astrologie wurde größer, obschon er hier nur als einer der neun Planeten betrachtet und verehrt wird – allerdings ist er der Herr aller Planeten.

Der Sonnengott ist die zentrale Figur des Hinduismus, ohne die die Religion sowie die Gesellschaft auseinander fallen würde. Das Gāyatrimantra, das höchste Mantra der Hindus *(na Gāyatri paramō mantrah!)*, ist an den Sonnengott gerichtet. Ohne die Einweihung in dieses Mantra und in die Meditation mit diesem Mantra auf die Sonne, zu der nur Angehörige der drei oberen Kasten berechtigt sind, darf man weder die Śastra, die heiligen Schriften, studieren noch irgendeine rituelle Handlung vollziehen. Weil dieses Mantra so entscheidend für das Dasein eines Menschen ist, wird es (d. h. wurde es bis vor einiger Zeit) strengstens geheim gehalten und nur mündlich von Vater zu Sohn überliefert (siehe Kap. X). So gesehen ist eigentlich der spätere Hinduismus, trotz der Verwandlung der Götter, vedischer geworden, als er es je war, und jahrtausendelang so geblieben.

§ 15 *Wie vedisch ist der nachvedische Hinduismus?*

Es soll nicht der Eindruck erweckt werden, die Beziehung der Inder zu den Veden sei lose oder trage nur symbolischen Charakter. Für die großen Intellektuellen Indiens waren und sind die Veden das Fundament ihres Glaubens. Alle großen Reformer oder Philosophen haben sich zu den Veden und ihrer Unfehlbarkeit bekannt und waren bemüht zu zeigen, dass alle ihre Gedanken, selbst wenn sie neu waren, im Grunde von den Veden stammten oder zumindest mit ihnen im Einklang standen. Man denke an die orthodoxen Schulen der indischen Philosophie oder an die Philosophen wie Śankarācārya, Rāmānujācārya, Vallabha im Mittelalter oder selbst an Ram Mohun Roy oder Dayananda Sarasvati im 19. Jahrhundert. Für sie bleiben die Veden nach wie vor die Quelle allen Wissens.

Im Alltag wird der gläubige Hindu auf Schritt und Tritt von den Veden begleitet. Während das aus dem Ṛgveda stammende Gāyatrimantra einen Menschen zu rituellen Handlungen bemächtigt, sind die Vorbereitungen zur Meditation mit diesem Mantra wieder mit Hilfe einer Reihe von vedischen Mantras zu entrichten (siehe unten Kapitel V, Sandhyāvandana). Diese Meditation muss der Gläubige dreimal am Tag abhalten.

Zu den beliebtesten religiösen Zeremonien der Hindus gehören *pūja* und *abhiṣeka*. In der Pūja (›Verehrung‹) einer Gottesstatue werden diesem Gott verschiedene Dienste erwiesen: Seine Füße werden gewaschen, sein ganzer Körper wird gewaschen, ihm werden Kleider und Speisen angeboten usw. Jeder dieser Schritte wird von einer Hymne aus den Veden, die den Dienst Gott näher bringt, begleitet. Die Abhiṣeka ist eine Zeremonie, bei der die Gottheit mit Wasser oder anderen kostbaren Flüssigkeiten gewaschen und gesalbt wird. Die berühmteste Abhiṣeka ist von Rudra-Śiva; sie besteht von Anfang bis Ende aus vedischen Mantras. Auch in vielen anderen Zeremonien werden vedische Mantras verwendet, manchmal ohne dass sich der Gläubige oder selbst die Priester darüber Gedanken machen, woher diese Mantras stammen.

Tatsächlich haben die wichtigsten vedischen Götter im Pantheon ihren Vorrang verloren und werden in den Tempeln nicht als die Allerheiligsten verehrt – man sieht kaum einen Tempel, der Indra oder Varuṇa oder Agni geweiht ist. Dafür scheinen sie aber umso stärker in den Lebensraum der Gläubigen eingedrungen zu sein. Die Wohnung oder das Wohnhaus eines Gläubigen ist voll von diesen Göttern. Sie beherrschen alle Himmelsrichtungen und dadurch jede Ecke eines Tempels oder Wohnhauses. Küche, Toilette, Wohnzimmer, Brunnen, Garten und Weiteres werden grundsätzlich so eingerichtet, dass sie von diesen

Göttern unterstützt werden. Gibt es einen Missklang zwischen dem Gott einer bestimmten Himmelsrichtung und der Aktivität, die dort durchgeführt wird, oder der Einrichtung, die sich dort befindet, so führt dies zu Krankheit, Armut, Streit, Misserfolg usw. Die meisten dieser Götter der Himmelsrichtungen sind vedische Götter (siehe unten Kap. XIII).

Die Beziehung des Hinduismus zu den Veden ist zwar zwiespältig, aber sehr lebendig.

Kapitel V
Tantrische Strömungen im Hinduismus

Tantra ist ein häufig gebrauchtes Wort in der New-Age-Bewegung des Westens und das Schreckensbild jener konservativen Menschen, die unter Berührungsängsten leiden. Je mehr sie den vagen Informationen über die Aktivitäten der tantrischen Esoterik – ›Kuṇḍalini‹-Massagen, Meditationen und Tänze in nacktem Zustand oder die naive Malerei geometrischer Muster – ausgesetzt werden, desto berechtigter scheinen ihre Ängste zu sein. Vor ihren Augen erscheint das Bild der blutrünstigen Kali (viele nennen sie hier auch ›die Böse‹) mit ihrer ausgestreckten Zunge, umhangen von einem Kranz aus Totenschädeln der von ihr getöteten Dämonen, mit verschiedensten Waffen in ihren vielen Händen, wie sie auf dem bewusstlos am Boden liegenden Śiva steht. Da braucht man sich über Ängste nicht zu wundern.

Ähnlich muss es selbst Heinrich Zimmer, dem Freund Indiens, ergangen sein, als er an Tantra dachte, sonst hätte er sich in dem Abschnitt über Tantra in seinem einführenden Buch über indische Philosophien nicht überwiegend mit Rāmakṛṣṇa Paramahamsa und seiner Lieblingsgöttin Kāli beschäftigt (Zimmer, S. 498–528). Zwar kommt Kāli oder ihre anders benannten Erscheinungen oft in den Tantras (ein tantrisches Buch wird auch ›Tantra‹ genannt) vor, aber weder ist sie die einzige Göttin dieser religiösen Strömung im Hinduismus, noch kann man Rāmakṛṣṇa Paramahamsas Beziehung zu Kali rein tantrisch nennen. Was aber ist Tantra?

§ 16 *Veden und Tantra*

Die Vorherrschaft der Arier in Indien führte, wie oben gesagt, zur erfolgreichen Etablierung des Vedismus und seiner Weiterentwicklung. Mit der Zeit aber ließen die mechanistisch funktionierenden vedischen Riten kaum noch Raum für die Erfüllung der emotionalen und spirituellen Bedürfnisse der Menschen. Seit dieser Zeit war es das Streben der Menschen Indiens, bewusst oder unbewusst, die Einengungen des Vedismus zu brechen oder zu lockern. Die Vielzahl der religiösen und philosophischen Bewegungen im 6. Jahrhundert v. Chr. suchte die Humanisierung des erstarrten Vedismus, unter dem die Gesellschaft litt. Während der Buddhismus und der Jainismus sowie die Cārvākas gegen den Vedismus rebellierten und sich ganz von ihm trennten, blieben die Philosophen der Upaniṣaden in der Tradition der Veden und überwanden sie durch den Weg der Erkenntnis. Der Hinduismus kennt jedoch noch zwei weitere Strömungen, die sich auf gewisse Weise vom Vedismus distanzierten, ohne ihm abzuschwören: Tantra und Bhakti. Beide machten eine eigenartige Karriere und änderten das Gesicht des Hinduismus so sehr, dass er heute ohne diese beiden Kräfte undenkbar ist.

Aus hinduistischer Sicht gibt es zwei Richtungen innerhalb der religiösen Gattung des Tantra: die theistische und die atheistische. Danach gilt das hinduistische Tantra als theistisch und das buddhistische als atheistisch (Sūryanarayana Sastri, S. 83f.). Das hinduistische oder theistische Tantra weist wiederum viele Strömungen auf, je nachdem welche Gottheit jeweils im Mittelpunkt steht. So gibt es die Richtungen Śaiva, Śākta, Vaiṣṇa, Gānapatya und Saura. Wenn man das Wort ›Tantra‹ hört, denkt man jedoch in erster Linie an das Śākteya-Tantra, weshalb hier auch von dieser Richtung die Rede ist.

Vieles deutet darauf hin, dass es anfängliche Reibungen zwischen dem Vedismus und dem theistischen Tantra gegeben hat. Die vedischen Gelehrten empfanden den Tantrismus als unsittsam. Das ist nicht verwunderlich, da die Tantriker nicht auf die Gebote und Verbote des Vedismus achteten und die Hierarchie der Götter im Pantheon auf den Kopf stellten (siehe unten § 17 und § 23).

Allem Anschein nach sahen die Tantriker viele Mängel im Vedismus. Zwar haben die Veden Mantras und Rituale, aber diese sind aus der Sicht der Tantriker nicht wirksam ohne ihre tantrische Erweiterung. So wird jede vedische Initiation nur als Anfang betrachtet, doch kein Aspirant sollte am Anfang stehen bleiben. Daher schlägt das Tantra eine nochmalige tantrische Initiation in das Gāyatrimantra vor, ohne die diese Meditation unfruchtbar bleiben würde (siehe Kap. X). Vom Tantra werden die Veden im Allgemeinen als Sammlung von Wissen gesehen, das zwar für andere Zeitalter geeignet war, für das Kaliyuga, für unser Zeitalter (siehe Kap. XI), jedoch nicht (Gaud, S. 483).

Tatsächlich fehlen dem Vedismus die komplizierten Gedanken über die Gottheiten und ihre Struktur, die das Tantra besitzt. Umgekehrt wird das Tantra von den vedischen Orthodoxen verurteilt. Agnipurāṇa berichtet von den reumütigen Wehklagen der Menschen aus der Hölle, die, der Gier verfallen, sich in das Tantra einweihen ließen und daher verdorben wurden (Sūryanarayana Śastri, S. 81). Padmapurāṇa wirft Ketzer, Tantriker und Atheisten in einen Topf, und der Vedismus schreibt den Brahmanen und Kṣatriyas, die sich ins Tantra einweihen ließen, Entschuldigungsrituale vor. Mit der Zeit scheint sich der Vedismus jedoch mit dem Tantra abgefunden und zum Teil versöhnt zu haben (siehe Kap. X).

§ 17 *Bestimmungen des Tantra*

Das Tantra ist der Name einer spirituellen Strömung innerhalb des Hinduismus (und des Buddhismus). Es bezeichnet im Hinduismus eine Gattung religiöser Texte: neben den Veden die Purāṇas oder die Dharma Śastras. Der Definition nach ist das Tantra eine Wissenschaft, mit Hilfe derer Wissen verbreitet wird *(Tanyete, vistarayate jnanam anena iti tantram)*.

Nach dem Varahitantra lehrt das Tantra über sieben Bereiche: 1. Die Schöpfung des Universums, 2. seine Zerstörung, 3. Verehrung der Gottheiten, 4. spirituelle Praktiken, 5. vorbereitende Rituale, 6. Meditation und 7. sechs Handlungen zur Erweckung und Anwendung der übernatürlichen Kräfte (gegen den Feind) – zur Tötung, zur Vertreibung, zur Zähmung, zum Stillehalten, zur Erzeugung von Feindschaften und zur Abwendung von Unglück.

Tantras lehren auch über die absolute Seele, über die Klassifizierung der Lebewesen, über Astronomie, Himmel und Hölle, Männer und Frauen, Einweihung der Statuen von Göttern, Mantra, Yantra, Mudra (mystische Gestik), Verehrungsformen, Einweihung von Häusern, von Wassertanks, von Brunnen, über Bäume usw. Einige Tantras beschäftigen sich auch mit Themen wie Alchemie, der Erzeugung von Gold oder Silber, Heilkunde, Interpretation von Omen usw. Wie Woodroffe es zusammenfasst, sind die tantrischen Bücher eine Art Enzyklopädie der damaligen Zeit (Woodroffe, 1981, Bd. 1, S. 71).

Das Tantra ist somit eine der Welt zugewandte Wissenschaft, die den Zugang zu Gott und zum eigenen Selbst zeigt und Techniken zur Beherrschung der Naturkräfte lehrt. Der Tantriker ist ein Akteur, der die Welt zu seinen Gunsten lenken will. Wenn der Nachbar unfreundlich ist und Ärger bereitet, schreibt ein Tantriker es nicht seinem eigenen schlechten Karma zu und resigniert; der Nachbar wird durch die erforderlichen Riten der *ucchāṭana* aus der Nachbarschaft vertrieben. Wenn eine Frau ihn nicht mag und ihm nicht nachgibt, wird ein Tantriker sich nicht hilflos vorkommen; er versucht die Frau durch die Riten der *vaśīkaraṇa* zu erobern. Auch Impotenz oder Kinderlosigkeit werden nicht allein der ärztlichen Behandlung überlassen. Im Tantra werden unzählige rituelle Lösungen für jede schwierige Situation im Leben gezeigt (man mache sich mit Śankarācāryas *Saundaryalahari* vertraut).

§ 18 *Tantra, Mantra und Yantra*

Der wichtigste Teil des Tantras sind Mantra und Yantra. Mantra hat seine Wurzel in *manana*, ›denken‹ oder ›meditieren‹, und *trāṇa*, die ›Errettung‹ oder ›Erlösung‹. Mantra ist also die Meditation, die das rettende Wissen erweckt, wodurch die Erlösung oder die vier Ziele des Lebens (siehe Kap. XII, § 59) zu erreichen sind.

Im Westen haben die berühmten Mantras von Gāyatri, Sri Vidyamantra, Mahamantra von Hare Rāma Hare Kṛṣṇa oder das *Om maṇi padmine hum* der Buddhisten einigen Bekanntheitsgrad erreicht; weniger bekannt ist jedoch, was diese bedeuten. Zwar bestehen einige Mantras aus sprachlichen Formulierungen, und daher scheinen sie auch einen gewissen logischen Sinn zu haben oder auf einen solchen Sinn hinzudeuten. Es ist jedoch ein Fehler, die Mantras nach ihrer sprachlichen Aussage zu hinterfragen. Es gibt viele Mantras, aus denen sich kein sprachlich formulierter

Sinn ergibt und die trotzdem als die kräftigsten gelten (man denke an das Ṣōḍaśakṣarī-Mantra).

Vereinfacht gesagt, sind nach der gängigen westlichen Auffassung alle Buchstaben in gesprochener Form Laute; sie bilden zusammengenommen die menschliche Sprache. Nach tantrischen Vorstellungen jedoch besteht die ganze Welt aus Lauten, die wiederum ihren Ursprung im Urton, *śabda*, haben, der *śabdabrahma* oder *nādabrahma* heißt. Nādabrahma ist die Ursubstanz, woraus alles – die Götter, die Welt und die ganze Schöpfung, d. h. letzten Endes auch die Materie – entstanden ist und wieder entsteht. So liegt der Ton bzw. liegen die Töne allen Dingen zu Grunde, und der Zugang zu ihnen ist wieder über die Töne herstellbar. Gottheiten sind darin keine Ausnahme.

Mantras sind also eine Zusammensetzung von Tönen, die von Kraft durchdrungen sind: Alle Mantras bestehen aus Lauten oder Buchstaben, und die Buchstaben sind von Kraft beseelt, sagt Sritantra Sādhana (Pandit, Bd. II, S. 65). Daher darf man nicht nach dem Sinn des Mantra fragen. Nach dem Tantra ist die Annahme, ein Mantra bestehe bloß aus Sprache, so ignorant wie diejenige, ein Guru sei nur ein Mensch.

Das Kraftvollste an einem Mantra sind jedoch die *bījākṣaras*, wörtlich übersetzt ›Samenbuchstaben‹ oder ›Samenlaute‹. Einige Mantras können aus langen diskursiven Sätzen bestehen, die einen logischen Sinn zu ergeben scheinen und wie eine Bitte an Gott klingen, aber sie enthalten immer mindestens einen Bījākṣara. Umgekehrt jedoch kann ein Mantra nur aus Bījākṣaras bestehen, ohne irgendeinen logischen Sinn zu ergeben (man denke an die Ṣōḍaśakṣarī- oder Balamantra). Bījākṣaras enthalten das Wesen des Gottes oder der Göttin, zu der der Aspirant den Zugang finden möchte, und ein Mantra ist die Zusammensetzung verschiedener Bījākṣaras, die auf die bestimmte

Gottheit oder übersinnliche Kraft zugeschnitten ist. So gesehen spielt das Mantra die Schlüsselrolle im Tantra.

Über das Mantra lädt der Aspirant die unsichtbare Gottheit durch *karanyāsa* und *anganyāsa* auf sich und überträgt es wieder auf diese Weise auf die Statue oder auf das Yantra, bevor er seine Verehrungsriten beginnt.

Die tantrische Beziehung zu Gott ist überwiegend eine *saguṇōpāsan*: Hierbei wird eine Gottheit in ihren Bestimmungen, mit einer Gestalt, einem Geschlecht und mit menschlichen Regungen wie Zorn, Liebe, Freundschaft und Großzügigkeit verehrt. So scheint das Tantra auf den ersten Blick dualistisch zu sein, denn die Trennung zwischen der Gottheit und ihrem Verehrer ist nicht zu übersehen. Aber auf der rituellen Ebene vertritt es einen eigenartigen Nicht-Dualismus, *advaita*.

Das Streben des Aspiranten bei den rituellen Handlungen ist, eins mit seiner Gottheit zu werden und dann die Gottheit zu verehren. Wie bereits angedeutet, überträgt der Aspirant mittels des Mantras seine Gottheit durch Anganyāsa und Karanyāsa Stück für Stück auf den eigenen Körper und wird eins mit Gott. Diesen Schritt hält das Tantra für unabdingbar für die rituelle Verehrung. Die Meditation kann keine Früchte tragen, solange eine Trennung zwischen dem Aspiranten und der Gottheit besteht. Bhavisya Purāṇa sagt: »Ein Mensch darf nicht den Namen einer Göttin aussprechen, ohne die Göttin geworden zu sein, noch darf er sie verehren, ohne sie geworden zu sein« (Woodroffe, Bd. II, S. 442). Das Gandharvatantra erklärt, dass durch Nyāsa diese Vereinigung zu etablieren ist. Darin liegt der tantrische Nicht-Dualismus. Die Vereinigung ist kein Ergebnis der logischen Argumentation wie bei Śankācārya, sondern das einer rituellen Handlung.

Mantras mit Bījākṣaras verkörpern die Gottheiten und bzw. oder ihre bestimmten Aspekte. Je nachdem, wie sie zusammengesetzt werden, heißen sie männliche oder weibliche Mantras. Nach der tantrischen Lehre sind alle Mantras, die sich nicht in das Männlich-Weiblich-Schema einordnen lassen, sächliche Mantras und nicht kraftvoll.

Ein Aspirant erhält sie von einem Guru durch die Einweihung, *dīkṣa*, die von den Tantrikern als die dritte Geburt bezeichnet wird. Die erste Geburt ist die Entbindung, die zweite die Einweihung in das vedische Gāyatri (siehe unten Kap. X) und die dritte die Einweihung in eine tantrische Meditation.

Am Anfang schlummern die Kräfte des Mantras, das nichts anderes als die Gottheit ist. Durch regelmäßige Meditation werden sie aktiviert. Die volle Entfaltung oder Erweckung der Kräfte nennt man *mantrasiddhi* und den Aspiranten einen *siddha*, also jemand, der das Ziel der Mantra-Meditation erreicht hat. Die Siddhis oder die erweckten übersinnlichen Kräfte sind Früchte der Bījākṣaras, welche die Samen waren.

Welche sind die Ziele, die ein Siddha erreichen sollte? Das Tantra, ganz in der indischen Tradition stehend, lässt alle vier Ziele, *puruṣārthas* (siehe § 59), zu: von der erfolgreichen Verführung einer Frau und der Versklavung eines Mannes bis zum Nirvāṇa (ein Begriff, der beim Tantra häufig vorkommt).

Die vedischen Rituale waren in gewisser Weise naiv. Die Gläubigen stellten sich Götter vor und opferten ihnen Gaben, die sie dem Feuer anvertrauten. Weder kannten sie das vorstellungsmäßige Festhalten der Götterbilder, noch waren sie in der Lage, Vorstellungen von Gottheiten zu einer Wissenschaft zu entwickeln. Gerade dieses tat das Tantra. Es entwickelte genaue Vorstellungen – Bilder mit ausführlichen Beschreibungen – von Gottheiten, die so genannten *murtis*, ›Statuen‹, und hielt sie in *dhyānaślōkas*, ›Versen‹, fest.

Der fortgeschrittene Aspirant verwendet jedoch bei tantrischen Ritualen Yantras oder *cakras*, geometrische Zeichnungen mit Dreiecken, Kreisen und oder Quadraten. Die einzelnen Yantras sind ganz verschieden – je nach der Gottheit, die verehrt wird, oder je nach dem Mantra, das bei der Verehrung eingesetzt wird. Das Yantra kann auf Erde, Holz, Papier, Kupfer-, Silber- oder Goldplatte gezeichnet bzw. eingeritzt werden, je nachdem, wie es das bestimmte Tantra vorschreibt. Der Verehrer evoziert die Gottheit in sich durch das vorgeschriebene Mantra und überträgt sie durch andere Mantras auf die Statue bzw. auf das Yantra, wonach die eigentliche Verehrung oder Meditation stattfindet (siehe unten Kap. X).

§ 19 *Guru*

Es gibt unzählig viele Mantras für die vielen Gottheiten und für die unzähligen Schwierigkeiten der menschlichen Existenz. Aber man kann nicht ohne weiteres an sie herankommen.

Anders als im heutigen Zeitalter der Informationsexplosion standen vorzeiten die tantrischen Texte unter strengem Öffentlichkeitsausschluss. Sie waren buchstäblich esoterisch, ohne dass es Seminare oder Workshops gegeben hätte, durch die man sie hätte erhalten können. Mittlerweile hat sich die Lage geändert. Heute sind viele Texte des Tantra veröffentlicht. Kann man also die Mantras einfach den Büchern entnehmen?

Die tantrische Wissenschaft ist nicht aus Büchern zu lernen und auch die Dīkṣa nicht durch ein ›Teach-Yourself‹-Tantra zu erledigen. Zwar sind die Mantras eine Verkörperung der Gottheiten, aber die Kraft, die sie enthalten sollen, ist keine Selbstverständlichkeit. Sie hängt vielmehr von der Dīkṣa und von dem Guru, der den Aspiranten einweiht, ab. Das Tantra verweist auf eine reiche Tradition des Gurutums. Der Guru muss selbst ein Siddha sein – jemand, der das Ziel der Mantras erreicht und ihre Kräfte erweckt hat. Nur wenn so jemand den Aspiranten einweiht, wird sich die Kraft in der Meditation entfalten können.

Der Guru wird jedoch vom Tantra nicht nur als Mittel zur erfolgreichen Einweihung oder zur Erweckung der Siddhis gesehen, etwa als Angestellter in der spirituellen Welt, der die Mantras verwaltet und vergibt. Der Guru nimmt eine wichtige Stellung im spirituellen Leben des Aspiranten ein und begleitet ihn durch alle Phasen seiner Übungen. Daher nennen ihn die Śastras (Sanskrit, ›die Wissenschaften‹) ›die Lösung für alle Probleme‹: »Seine Handberührung kann alle Unreinheiten dieser Welt zerstören und ein gewöhnliches Metall in Gold verwandeln.« So jemand ist größer als jedes Mantra und die Gottheit, die das Mantra in sich trägt. Daher sagt das Kularnavatantra: »Der Guru ist die Wurzel der Meditation. Auf seine Füße stützt sich die Verehrung und sein Satz ist das Mantra ...« (Pandit, Bd. I, S. 25). Und dasselbe Tantra erklärt, dass kein Mantra kräftiger sei als die Sandalen des Gurus und kein Gott größer als er (S. 24).

Diese Haltung des Tantras prägt den Geist der Inder, die einen Lehrer, nicht nur einen Lehrmeister, für Gott erklären (das Wort ›Guru‹ bedeutet sowohl der Lehrer als auch der Lehrmeister). Der transzendente Śiva erscheint als Guru, um die Menschen von den Banden der Animalität zu befreien. Der Guru ist sogar mächtiger als alle drei Götter zusammen. Wenn die Götter auf einen Menschen böse sind, kann der Guru ihn schützen. »Wer soll denjenigen schützen, auf den der Guru böse ist?«, fragt das Tantra. Es ist schließlich der Guru, der die innere Kraft eines

Mantra aktiviert und seinem Schüler gibt. Und daher sind alle Wissenschaften, verglichen mit dem Guru, nur angeberisch.

§ 20 *Genuss und Erlösung*

Die meisten Religionen tendieren dazu, die sinnlichen Genüsse zu verdrängen und den Verzicht zu verherrlichen (der Jainismus ist ein extremes Beispiel dafür). Der Hinduismus hat allgemein eine ausgewogene Auffassung vom Leben, die sich in den vier Puruṣārthas ausdrückt (siehe Kap. VII). Die Yōga-Strömung im Hinduismus ist hingegen sehr asketisch, ja körperfeindlich, um es mit einem aktuellen Ausdruck zu beschreiben, das Tantra jedoch sehr körperfreundlich.

Trotz seiner spirituellen Grundausrichtung weiß das Tantra den Körper zu schätzen. Es erklärt, dass die Natur des absoluten Geistes, *brahman*, Glückseligkeit ist. Und diese Glückseligkeit befindet sich im Körper. Nach ihm ist der Körper das Wohnhaus aller Götter (Pandit, Bd. II, S. 11). Daher erfüllen auch die leiblichen Aktivitäten die religiösen Gebote.

Stellte jemand das Tantra vor die Wahl zwischen der Befriedigung der körperlichen Begierden und ihrer Verdrängung, entschiede es sich für die Erfüllung. In der Erfüllung der Begierden sieht es keinen Widerspruch zum spirituellen Leben. Vor diesem Hintergrund sind viele Bräuche des Tantras zu verstehen.

Einer der berühmten Sprüche von Bhagavan Rajnish lautete: *Through Bhoga to Yōga* (›Über Genuss zur Einigung mit Gott‹). Das Kularnavatantra verkündet: »[Kaula] Tantra besteht sowohl aus Yōga als auch aus Bhoga.«

Es erklärt weiter, dass Bhoga wahrlich zu Yōga führe, dass das Böse sich zum Guten entwickele, und selbst diese Welt, die sonst von anderen Religionen als die Ursache der Bindung und schließlich der Verdammnis gesehen wird, führe zur Erlösung.

§ 21 *Die fünf Makāras*

Vor dem Hintergrund dieser welt- und körperbejahenden Haltung sollen die fünf *makāras* verstanden werden, die das Wort Tantra üblicherweise in Erinnerung ruft. Das sind die fünf *tattvas*, die fünf Elemente der tantrischen Handlungsweise. Man nennt sie Makāras, da die Bezeichnung jedes dieser Elemente auf Sanskrit mit einem M anfängt. Das sind *madya, māmsa, matsya, mudra* und *maithuna* (der Konsum von alkoholischen Getränken, von Fleisch und von Fisch, das Zeigen von Gestik und der Geschlechtsverkehr). Die Makāras stehen nicht im Einklang mit dem Mainstream-Hinduismus und lösen Empörung bei den Orthodoxen aus, die den Inhalt der Makāras entweder verurteilen oder geringschätzen.

In den vedischen Zeiten stellten die Priester bei Yajñas ein rauschmittelhaltiges Getränk, *sōma*, her und verzehrten es gemeinschaftlich beim Singen der vedischen Hymnen. Später geriet dieser Brauch in Vergessenheit, und mit der Zeit galt der Verzehr von Rauschmitteln sogar als Sünde, vergleichbar mit der Tötung von Brahma. Daher darf man nach postvedischen Gesetzen keinen Alkohol trinken, verschenken oder annehmen. Nun schreibt das Tantra dem Aspiranten Alkoholkonsum bei der Verehrung vor.

Ähnlich verhält es sich auch mit dem Fleisch- und Fischverzehr. In ganz Indien sind die orthodoxen Brahmanen der Smarta-Tradition strenge Vegetarier, deren Küche auch keine Eier zulässt. Und auch der Geschlechtsverkehr wird sehr restriktiv geregelt. Nach den vedischen Normen darf ein Mann nur einmal im Monat, am fünften Tag nach der Menstruation, biblisch gesprochen, ›erkennen‹. Mit einer fremden Frau zu verkehren ist strengstens verboten. *Para dareṣumātṛvat* ... (›nur die eigene Mutter darf man in anderen Frauen sehen‹), lautet hier die Devise. Obendrein nennt die Orthodoxie Essen, Schlaf, Angst, Bequemlichkeit und Begattung die essenziellen Merkmale eines Tieres. Zwar erkennt das Tantra die Autorität der Veden an, aber in diesem Bereich scheint der Missklang zwischen beiden krass zu sein. Wie kann man ihn glätten?

Während der Tantrismus den Hinduismus durch und durch beeinflusst, ist das Tantra selbst von der Sānkhya-Yōga-Philosophie durchdrungen (siehe Kap. VI), so vor allem von dem Gedanken, wonach die ganze Schöpfung auf eine Urmaterie zurückführbar ist. Da die Urmaterie aus drei Eigenschaften – bzw. wie ein Seil aus drei Strängen – besteht, weist auch jeder Gegenstand der Schöpfung diese Eigenschaften auf, also auch der Mensch. Diese Eigenschaften sind *sattva*, *rajas* und *tamas* – ›das Leichte‹ (oder Göttliche), ›das Dynamische‹ und ›das Träge‹. Alles, was in dieser Schöpfung vorkommt, seien es Gegenstände oder Menschen, ist von diesen Qualitäten geprägt. In jedem Gegenstand ist jeweils eine der drei Qualitäten aktiv; sie überschattet die anderen beiden.

Die Sānkhya-Yōga-Philosophie teilt wie auch das Tantra die Nahrungsmittel und die Menschen in drei weitere Kategorien ein: Danach gibt es unter den Menschen *paśu* (›Tier‹), *vīra* (›Held‹) und *divya* (›der Göttliche‹). In einem Pasu-Menschen überwiegt Tamas, in dem Vīra-Menschen Rajas usw.

Pasu, abgeleitet von der Wurzel *pas*, bedeutet ›eine Schlinge‹. Pasu-Menschen sind in Bindungen befangen wie in einer Schlinge, wobei die Rede von acht Arten von Bindungen ist, die wir zum Teil gewöhnlich für Tugenden halten würden. Das sind 1. Mitleid (*daya*), 2. Unwissenheit oder Verblendung (*moha*), 3. Angst (*bhaya*), 4. Scham (*lajja*), 5. Ekel (*grina*), 6. Familie (*kula*), 7. Charakter (*śīla*) und 8. Kaste (*varna*). Heute würden wir einen Menschen mit diesen Eigenschaften schlicht und einfach einen Spießbürger nennen. Das Tantra versetzt uns in Erstaunen, indem es den Pasu-Menschen auf ihrem spirituellen Weg vedische Normen vorschreibt und verlangt, dass diese bezüglich der fünf M-Elemente Verzicht üben sollen. Ihnen sind Alkohol, Fleisch und sogar der Geschlechtsverkehr (außer eben am fünften Tag nach der Menstruation) verboten. Man fragt sich, ob die Tantriker den orthodoxen Anhängern des Vedismus diese fünf Bestandteile deswegen verboten, da sie ohnehin, vom Vedismus aus gesehen, ein Tabu waren. Waren die Tantriker nur gute Taktiker, indem sie einerseits die Autorität der Veden nicht in Frage stellten, zugleich aber die vedischen Orthodoxen für Pasu-Menschen (Tiere) erklärten?

Die fünf M's sind für die Vīra-Menschen vorgesehen, deren überwiegende Eigenschaft Rajas ist. Die dynamische Rajas hat die Fähigkeit, Tamas oder Sattva in einem Menschen zu aktivieren, wobei Sattva als die ideale Eigenschaft für einen Aspiranten angesehen wird. So gesehen ist Rajas die Zwischenstufe zwischen den beiden polaren Typen des Menschen.

Hierbei muss angemerkt werden, dass nach dem Tantra der Mensch im Positiven wie im Negativen entwicklungsfähig und kein statisches Produkt der Natur ist. Nun darf sich der Vīra bei der Gottesverehrung der fünf Elemente bedienen. Das heißt, er darf Alkohol konsumieren,

Fleisch und Fisch essen und eine Frau begatten – mit einem Wort: er darf gegen die vedischen Normen verstoßen. Die Ansicht des Tantra in diesem Fall richtet sich nach dem ayurvedischen Motto *uṣṇena uṣṇam sitalam* – ›Hitze wird mit Hitze abgekühlt‹: Das Gift soll gezielt mit Gift gereinigt werden. Ein Vīra, Held, soll mit den fünf Elementen die in ihm verborgenen *tamasika*-Tendenzen endgültig besiegen, damit er die Sattva-Eigenschaften zur vollen Entfaltung bringt und in seinen spirituellen Bestrebungen, *sādhana*, ein Siddha wird. Das Tantra möchte, dass der Vīra seine Neigung zum Alkohol mit kontrolliertem Alkoholkonsum besiegt. Dasselbe gilt auch für den Fleisch- und den Fischverzehr und den Koitus. Das tantrische Rezept der fünf Elemente darf man deshalb nicht als Lizenz zur Lasterhaftigkeit betrachten.

Divya jedoch, der voller Sattva oder göttlicher Eigenschaften ist, ist der ideale Typ für die tantrischen Übungen. Für ihn nehmen die fünf Elemente eine sublimierte Form an. So wird Madya, Alkohol, als die berauschende Brahma-Erkenntnis erklärt, die das Bewusstsein des Aspiranten von der äußeren Welt abschneidet. Mamsa bedeutet, alle Handlungen dem universellen Geist zu weihen, Fisch stellt die Einfühlsamkeit in alle Lebewesen dar, Mudra die Entsagung jeglicher Bindung an das Böse. Maithuna, Koitus, schließlich ist die Vereinigung der Urkraft, *kuṇḍalini*, die in jedem Menschen im untersten Cakra schlummert und vom Aspiranten durch spirituelle Übungen erweckt wird, bis er das tausendblättrige Cakra im Kopfbereich erreicht. So wird es verständlich, dass der Koitus für Tantriker mehr und etwas anderes ist als der Geschlechtsverkehr mit dem eigenen oder einem fremden Partner.

§ 22 *Cakras – die Kraftzentren des Menschen*

Nach tantrischen Vorstellungen besteht der feinstoffliche Körper jedes Menschen aus Kraftzentren und aus Bahnen, durch welche die Kraft fließt. Diese Kraft des Menschen liegt gewunden wie eine Schlange im untersten Cakra, d. h. Kraftzentrum. Daher stammt ihr Sanskritname Kuṇḍalini, ›die Gewundene‹, die oft auch eine Schlange genannt wird. Der Aspirant versucht mit Hilfe tantrischer Praktiken (die sich auch mit yogischen gemischt haben) diese Kuṇḍalini-Kraft zu erwecken. Das Ziel ist, die Kraft nach oben in das Lotuscakra zu leiten, wodurch Erlösung erlangt wird.

Der *suṣumnanāḍi* (*nāḍi* = ›Energiekanal‹) verläuft in der Mitte des Körpers vom Kopf bis zum Ende der Wirbelsäule (Steißbein). Rechts und links des *suṣumna* verlaufen zwei Nebenkanäle, der *sūrya-* und der *candranadi.* Diese verbinden die Kraftzentren, die außer Cakras auch *nadimanḍala* oder Lotusblüten genannt werden.

Von unten (Ende der Wirbelsäule) bis oben (Kopf) betrachtet, befinden sich Cakras an folgenden Stellen des Körpers: Das *Mūlādhāracakra* ist am untersten Teil der Wirbelsäule; wenn man sich dieses Cakra als Lotusblüte vorstellt, so hat es vier Blütenblätter. Das *Savādhisthanacakra* befindet sich an der Stelle der Geschlechtsorgane und besteht aus sechs Blütenblättern. Das zehnblättrige *Maṇipuracakra* befindet sich am Nabel, das zwölfblättrige *Anahatacakra* am Herzen und das sechzehnblättrige *Viśuddha* am Hals. In der Mitte der Stirn liegt das zweiblättrige *Ajnacakra* und an der Schädeldecke das tausendblättrige *Sahasrara.*

Die Kuṇḍalini-Kraft, die im Mūlādhāracakra wie eine Schlange schlummert, wird also durch die tantrischen oder yogischen Praktiken geweckt. Sie bewegt sich aufwärts, bis sie im idealen Fall den tausendblättrigen Lotus erreicht, der die Erlösung bewirkt.

Die Erweckung der Kuṇḍalini-Kraft ist keine einfache oder gewöhnliche Aufgabe. Wann und unter welchen Umständen jemand darin Erfolg haben wird, ist von seinen guten Taten in seinen vergangenen Leben, *puṇya*, abhängig. Vor diesem Hintergrund wird verständlich, dass sie durch ein paar Übungen oder die Teilnahme an Kursen oder Seminaren nicht zu erreichen ist. Man kann sich zwar einbilden, sie erweckt zu haben. Das macht möglicherweise Spaß und ist vielleicht auch unterhaltsam. Aber es ist nicht die Sache. Bei der Erweckung der Kuṇḍalini-Kraft und ihrem Aufstieg von einem unteren in das nächsthöhere Cakra empfängt der Aspirant übersinnliche Kräfte, die er ignorieren soll. Sein Ziel muss sein, die Kuṇḍalini ins Sahasrāra zu führen und sich zu erlösen. Wenn er sich dagegen von den übersinnlichen Kräften faszinieren lässt, bleibt er der Welt verhaftet, und das wird zu seinem Fall führen.

§ 23 *Die Rolle der Frau*

In der vedischen Gesellschaft und Religion kam der Frau nur geringfügige Bedeutung zu. Es waren männliche Götter, die Kriege führten, Dämonen töteten und Länder eroberten. Die Gesellschaft war so patriarchalisch geprägt, dass die Eltern eher vom Wunsch nach vielen Söhnen als nach Töchtern beseelt waren. Nun war aber die ursprüngliche Religion Indiens kein Patriarchat und auch kein reines Matriarchat. Innerhalb der Hauptreligion waren mehrere Richtungen vertreten, und es wurden auch Göttinnen verehrt. Mit dem Aufkommen des Tantrismus kamen die Göttinnen wieder zur Geltung: Viele tantrische Werke räumen ihnen sogar eine Vormachtstellung innerhalb des Hinduismus ein.

Pārvati, die Tochter des Himalaya-Gebirges, ist die Mächtigste im Pantheon. Sie wird Ādiśakti, die Urkraft, genannt. Ohne sie wären alle Götter, selbst die Trinität, schwach – so schwach, dass Śiva sich, zum Beispiel, nicht einmal bewegen könnte (*Śivah ... na kusalah spanditum api*, Śankarācārya, Vers 1, in »Saundaryalahari«). Und wenn die mächtigsten Dämonen zur Gefahr der Götter werden und die Trinität hilflos dasteht, sehen alle auf die rettende Göttin Durga (auch Kāli, Cāmuṇḍi oder Mahāsarasvati genannt). Die indische Tradition der feministischen Theologie ist uralt, und sie wurde von Männern geschrieben.

Das Tantra wertet nicht nur die Stellung der Göttinnen auf, sondern auch die der Frauen, vor allem in ihrer Funktion als Wissensvermittler. Tantras bzw. Tantra-Bücher werden auch *āgamas* und *nigamas* genannt. Agamas sind diejenigen Tantra-Texte, in denen das Wissen von Śiva an seine Gemahlin Pārvati vermittelt wird, während Nigamas diejenigen Tantra-Texte sind, in denen Pārvati die Lehrerin ist und Śiva ihr Gemahl, der Schüler bzw. der Empfänger des Wissens.

In der Tantra-Tradition steht Lehrerschaft auch den Frauen zu. Nach dem Rudrayāmalatantra darf eine aus einer angesehenen Familie stammende, schöne, mit Juwelen geschmückte, geistreiche, ruhige, reine Frau, die sich beherrscht und sich in Mantras auskennt, ein Guru sein. Wenn jemand so eine Frau verehrt, erhält er Kraft des Strebens (*sadhan*) und spirituelles Wissen. Für die Einweihungen werden weibliche Gurus empfohlen; vor allem wenn eine Mutter ihren Sohn einweiht, ist die Wirkung achtfach größer, als wenn ein Mann die Initiation übernimmt. Eine *sati*, eine gute Hausfrau, darf ein Guru sein. Auch eine Witwe, die sonst keine glückliche Stellung in der Hindu-Gesellschaft hat, darf initiieren. Die vedische Tradition hat diese Rolle der Frau in der Religion nicht ausdrücklich verboten, aber sie wurde auch nicht in dieser Deutlichkeit thematisiert. Nach vedischer Tradition weiht ein Vater seinen Sohn in das *brahmōpadeśa* (das Brahmamantra) ein, und der Sohn erhält von seiner Mutter die ersten Almosen. Insofern ist das Tantra im indischen Kontext als Reform zu betrachten. Einige Tantras schlagen sogar die entgegengesetzte Richtung ein, indem sie behaupten, dass niemand von seinem Vater oder Großvater mütterlicherseits in ein Mantra eingeweiht werden sollte.

§ 24 *Förderung der niederen Kasten*

Reformatorisch ist das Tantra auch aus einem anderen Grund. Kastentrennung war das Merkmal der vedischen Gesellschaft, wo nur Angehörige der drei oberen Kasten Wissen, auch religiöses, empfangen durften. Śūdras waren davon ausgeschlossen. Das Tantra weist diesen Brauch strengstens zurück.

Nach dem Gautamiyatantra dürfen Menschen aller Kasten, Männer sowie Frauen, in die Mantras eingeweiht werden. Das Mahanirvāṇatantra erteilt die Warnung, dass derjenige Tantriker in die Hölle kommt, der einen Unberührbaren, einen Yavana (also einen griechischen Ausländer), oder eine Frau aus Geringschätzung nicht einweiht. Demzufolge entstammen die großen Tantriker allen Kasten, auch den niederen. Das Tantra war jedoch nicht gegen das Kastensystem, wollte nicht etwa die Gesellschaft von ihm reinigen, sondern es wollte nur sein Übel – die Ausgrenzung und Benachteiligung der Angehörigen der niederen Kasten – auf seine Art bekämpfen. Das ist eine Eigenschaft, die Tantra mit der Bhakti-Bewegung, mit Gandhi und mit dem unabhängigen Indien teilt.

§ 25 *Die persönliche Beziehung zu den Gottheiten*

Der Kontakt zwischen Göttern und Menschen erfolgte im Vedismus über die Priester, welche die Yajñas vollzogen. Der ganze religiöse Betrieb war mechanistisch konzipiert; er schien fast gewissermaßen nach Naturgesetzen zu funktionieren, wobei die Trennung zwischen dem Menschen und dem naturkraftartigen Gott auffallend groß war: Gott blieb Gott und der Mensch ein Mensch. Eine Verschmelzung zwischen den beiden fand nicht statt. In einer solchen Beziehung gab es keine Liebe oder Hingabe. Und hierin unterscheidet sich das Tantra entschieden vom Vedismus.

Das Tantra gibt in dieser Hinsicht einen mutigen und persönlichen Weg zu den Gottheiten vor. Zwar weiht in der tantrischen Tradition ein Guru einen Menschen in die Geheimnisse des Tantras ein, aber zwischen der Gottheit und dem Aspiranten besteht keine Trennung. Durch die rituelle Handlung des Nyāsa (siehe oben, Anganyāsa und Karanyāsa) wird diese Trennung überwunden, indem die Finger und die Körperteile Stück für Stück von Gott belegt werden. Nach dieser rituellen Vorbereitung meditiert der Aspirant im Einssein mit seiner Gottheit. In diesem Punkt ist das Tantra der Bhakti ähnlich (und doch wiederum nicht; siehe unten § 38).

§ 26 *Geheimhaltung des Wissens*

Das vedische Wissen war zwar den drei oberen Kasten vorbehalten, aber es war kein geheimes Wissen, und die vedischen Handlungen förderten die Geselligkeit. Selbst als die Philosophen der Upaniṣaden in die Waldeinsamkeit zogen, geschah dies nicht zum Zweck der Geheimhaltung.

Die tantrischen Texte verlangen dagegen die strenge Geheimhaltung ihrer Mantras. Wenn Śiva in seinen Gesprächen Pārvati geheime Mantras oder *stōtras* (Preisungen in Versmaß) lehrt, dann ermahnt er sie vorher, seine Unterweisungen streng geheim zu halten. Vor der Einweihung in die Tausend Namen der Göttin Lalitātripurasundari verlangt Hayagrīva, ein tantrischer Lehrer, von Agastya, dass er sie streng geheim hält und niemals einem Ungläubigen, einem Sturen oder einem Bösen beibringt (Lalitasahasranama Stōtram, S. 34). Bevor Pārvati Lalitatripurasundaris dreihundert Namen Hayagrīva beibringt, sagt sie zu ihm: »O Hayagrīva! Man kann das Reich niederlegen, den eigenen Kopf niederlegen, aber nicht [dieses Wissen] anderen preisgeben. Es ist geheim zu halten, wie das Fehlverhalten [Prostitution] der eigenen Mutter« (ebenda, S. 191). Somit ist Tantra die esoterischste Lehre Indiens.

§ 27 *Reform des Vedismus oder Erweiterung seiner Praxis?*

Die Rebellion gegen den Vedismus war zum größten Teil aus philosophischer Reflexion hervorgegangen. Die Denker der Upaniṣaden wendeten ihre Aufmerksamkeit von den Riten ab und richteten sie auf die fundamentalen Fragen.

Der Buddha tat nichts anderes, als nach dem Urgrund der Trauer der Menschheit zu fragen. Und seine Antwort bestand nicht aus Ritualen, mit denen man die Trauer überwinden könnte, sondern aus den vier Edlen Wahrheiten, d. h. Erkenntnissen.

Im Jainismus heißt der vollkommene Mensch *kevalajnāni*, ›Besitzer des reinen Wissens‹. Es waren also erkenntnismäßige Bewegungen gegen den Vedismus, die ihre rituelle Handlungen in Frage stellten.

Abgesehen von einigen Upaniṣaden ist die vedische Literatur dualistisch; vedische Riten mit ihrer Trennung zwischen den Gläubigen, welche die Riten vollziehen, und den Göttern, an die sie gerichtet werden, deuten darauf hin. Anders als die Upaniṣaden, der Buddhismus oder der Jainismus lehnt das Tantra den Ritualismus nicht ab und ist insofern als ein Karmamārga zu bezeichnen (siehe § 12). Tantrische Rituale (die Verehrung der Götter durch Mantras und Yantras) sind genauso kompliziert, vielleicht noch komplizierter als die vedischen.

Im Grunde genommen hat das Tantra keine neuen Gottheiten erfunden. Es wertete das vedische Pantheon um, stellte seine Hierarchie auf den Kopf. Die neuen Gottheiten wie Vīrabhadrā, Bhairavi, Bhairava, Bagalamukhi, Mahiṣāsuramardini oder Chinnamasta sind Erscheinungen alter Gottheiten wie Śiva oder Pārvati mit neuen Funktionen.

Zwar distanziert sich das Tantra von den Veden, aber es stützt sich auch darauf. Das Kularnavatantra erklärt feierlich: »Es gibt keine größere Wissenschaft als die Veden« (Pandit, Bd. I, S. 88; auch Woodroffe, S. 36). Und anders als andere Reformbewegungen des Vedismus bekennt es sich in erster Linie zu Karmamārga, dem Weg der rituellen Handlungen.

Wie verträgt sich jedoch der Hinduismus als solcher mit dem Tantrismus? Diese Frage soll erst später beantwortet werden (siehe Kap. X über das Sandhyavandanam).

Kapitel VI
Yōga und der Hinduismus

§ 28 *Religion und Philosophie*

Religion und Philosophie haben nichts miteinander zu tun, da Gott und der Glaube den Mittelpunkt der Religion bilden, die dem Gläubigen einen Weg zu Gott zu zeigen versucht. Philosophie dagegen hat nicht Gott als Mittelpunkt; selbst wo sie sich mit ihm beschäftigt, will sie Gott nicht verehren, sondern ihn und den Glauben als Gegenstand untersuchen. Daher blieben bisher in diesem Buch philosophische Erklärungen oder Rechtfertigungen in der Regel ausgespart.

Auch ein Glaubender fragt bei seinen Riten nicht nach den philosophischen Begründungen. Die Gottheit ist für ihn eine Gegebenheit, die er, solange er gläubig bleibt, nicht oder nur selten in Frage stellt.

Innerhalb der indischen Philosophie gibt es jedoch mit der Sānkhya- und der Yōga-Schule zwei Strömungen, die eine besondere Beziehung zur Religion aufweisen: Diese zwei Philosophien haben den Hinduismus so sehr geprägt, dass sie hier vorgestellt werden müssen. Durch ihre Analysen der Welt und des Bewusstseins und durch ihre Theorie der Entwicklung, *pariṇāmavāda*, haben sie die Schöpfung nicht nur metaphysisch und plausibel erklärt, sondern auch Begriffe geprägt, von denen alle religiösen Richtungen des Hinduismus Gebrauch gemacht haben.

§ 29 *Die Entstehung der Sānkhya-Yōga-Philosophie*

Wie alt die Gedanken dieser Schulen sein mögen, war schon oft Gegenstand von Spekulationen. Einige Gelehrte führen wesentliche Elemente auf die Veden zurück, während yogische Körperstellungen bereits auf Siegeln der Industal-Zivilisation zu sehen sind. Aber der traditionellen Überlieferung nach gründete Kapila das Sānkhya und Patanjali das Yōga in vorchristlichen Jahrhunderten. Beide Schulen sind sich sehr ähnlich; der größte Unterschied besteht darin, dass das Sānkhya keine Annahme von der Existenz Gottes macht. Beide haben ein wichtiges Motiv zu philosophieren gemeinsam: den Menschen aus seiner leidvollen Existenz herauszuführen und die Gründe für sein Leid zu verstehen.

§ 30 *Die Metaphysik*

Sānkhya vollzieht eine radikale Trennung zwischen der Materie und dem Bewusstsein. Das eine kann nichts mit dem anderen zu tun haben, da sie ihrem Wesen nach grundverschieden sind. Der Mensch ist demnach eine merkwürdige Kombination von Materie und Bewusstsein, die eigentlich keine Kombination ist: Er ist das Bewusstsein, *puruṣa*, sein Körper dagegen ist die Materie, *prakṛti*.

Prakṛti ist in der Sānkhya-Weltanschauung das Prinzip der Materie, mit Hilfe dessen die ganze Schöpfung zu verstehen ist. Sie ist absolut ohne Bewusstsein und voller Dynamik. Sie hat drei Eigenschaften, *guṇas*: Sattva,

Rajas und Tamas, die im Grunde genommen auch als ihre Bestandteile zu bezeichnen sind. Im ursprünglichen Zustand herrscht zwischen diesen drei Eigenschaften Gleichgewicht, und die dynamische Prakṛti produziert sich selbst.

Puruṣas, die Bewusstsein(e) oder Bewusstseinsprinzipien, bilden den anderen Pol in dem dualistischen System der Sānkhya-Philosophie. Puruṣas sind nichts anderes als reines Bewusstsein, deren einzige Funktion Erkenntnis ist. Anders als Prakṛti sind sie nicht dynamisch und können sich nicht bewegen – wobei ›Bewegung‹ hier nicht nur die ›Fortbewegung‹, sondern auch ›Veränderung‹ im aristotelischen Sinn bedeutet. Von Sānkhya aus gesehen ist jede Bewegung, auch die Fortbewegung, ein Zeichen des Mangels, denn durch die Bewegung wird versucht, den Mangel zu beheben. Puruṣa hat keinen Mangel; daher ist er bewegungslos. Nach dem Sānkhya-Yōga gibt es eine Mehrzahl von Puruṣas.

§ 31 Pariṇāma, die Entwicklung

Puruṣa setzt jedoch die Schöpfung in Gang, indem er das Gleichgewicht in der Prakṛti stört – ähnlich wie, metaphorisch gesprochen, der Blick der Geliebten einen Sturm in der emotionalen Welt eines Mannes auslöst. Wird das Gleichgewicht unter den Guṇas außer Kraft gesetzt, beginnt die Prakṛti sich zu entwickeln.

Wenn eine Störung im Gleichgewicht der drei Eigenschaften auftritt, so dominiert Sattva in der Prakṛti, und es entsteht das erste Produkt der Entwicklung, nämlich *buddhi*, der Intellekt. Die zurückgedrängten anderen beiden Eigenschaften, Rajas und Tamas, versuchen in der Triade die Oberhand zu gewinnen. Der Überlieferung nach siegt bald Rajas, und Sattva sowie Tamas werden verdrängt. So entsteht das nächste Produkt, *ahankāra*, das Ego. Bald jedoch erlangt Tamas die Dominanz über die anderen Eigenschaften, sodass das dritte Produkt, *manas*, entsteht. Im Fortgang der Entwicklung, *pariṇāma*, treten *pancendriyas*, die fünf Sinnesorgane (Augen, Nase, Zunge, Ohren und Haut), sowie *panca karmendriyas*, die fünf Tatorgane (Mund, Hände, Füße, Geschlechtsorgane und After – für die Nahrungsaufnahme, Taten, Fortbewegung, Fortpflanzung und Entleerung, d. h. für die fünf Arten von Handlungen), auf. Daraus entwickeln sich durch die weiteren Störungen in der Prakṛti die fünf *tanmātras*, d. h. die feinstofflichen Elemente Geruch, Geschmack, Farbe, Berührung und Ton, woraus sich die fünf *mahābhūtas*, d. h. die grobstofflichen Elemente Erde, Wasser, Licht (bzw. Feuer), Luft und Äther, entwickeln. Und aus diesen fünf Elementen entwickelt sich die uns sichtbare Welt.

Die Hervorbringungen im Fortgang der Entwicklung bis zu den fünf Tatorganen einschließlich sind wie die platonischen Ideen in der westlichen Philosophie zu verstehen, wonach die Gesamtheit aller Individuen an jeder einzelnen Hervorbringung beteiligt ist. So ist an der Erzeugung des Intellektes, Buddhi, jeder individuelle Intellekt der Menschen und Tiere beteiligt. Ebenso auch mit den Geschlechtsorganen oder mit dem Mund. Aus der genannten Reihe von Hervorbringungen, angefangen mit dem Intellekt bis hin zu den fünf Tatorganen, besteht der feinstoffliche Körper, *sūkṣmaśarīra*, der den Tod des Menschen überlebt und wieder geboren wird. Der grobstoffliche Körper dagegen, *patanāvadhi Śarīra*, begleitet den Menschen nur bis zu seinem Tod.

§ 32 *Die Lösung des Leides*

Nach der Sānkhya-Philosophie liegt der Grund von allem Leid darin, dass Puruṣa, das Bewusstsein, der Illusion unterliegt, dass es in Verbindung mit der Prakṛti, Materie, stehe, und sich mit ihr identifiziert. Die Erlösung besteht in der Erkenntnis, dass die beiden grundverschieden sind und niemals eine Bindung eingehen können.

Durch diese Erkenntnis gewinnt das Puruṣa wieder seinen ursprünglichen Zustand des reinen *sākṣi*, Zeugen. Die Yōga-Philosophie von Patanjali unterscheidet sich von Sānkhya nur durch die Annahme, dass es unter der Vielzahl von Puruṣas einen Überpuruṣa, *īśvara* (einen Herrn), gibt, der die Erlösung durch seine Gnade, *prasāda*, bewirken kann. Jedoch wird hier Iswara nicht als Schöpfergott angesehen; für die Schöpfung ist die selbstdynamische Prakṛti zuständig.

§ 33 *Die Hilfestellung des Sānkhya-Yōga für die anderen spirituellen Richtungen des Hinduismus*

Alle religiösen Richtungen im Hinduismus sowie im Vedānta oder Tantra unterscheiden sich in einem Punkt, dessen Formulierung die Sānkhya-Yōga-Philosophie ermöglicht: Welches Verhältnis besteht zwischen Puruṣa und Prakṛti? Die Antwort fällt verschieden aus. Für Sānkhya stellen Puruṣa und Prakṛti zwei Gegebenheiten dar, die von ewigem Bestand sind.

Alle *dvaita*, d. h. alle dualistischen Richtungen, erkennen diese Dualität an. (Viṣṇu-Anhänger, zum Beispiel, einen, Viṣṇu sei der Überpuruṣa, und alle anderen Puruṣas seien von ihm abhängig.) Die Erlösung bestehe in der Lösung von der Prakṛti, der Urmaterie.

Die *advaita*, die nicht-dualistischen Richtungen im Hinduismus, zu denen einige tantrische Schulen und im Großen und Ganzen der Mainstream-Hinduismus gehört, erkennt den Unterschied zwischen Puruṣa und Prakṛti nicht an. Die Illusion oder *māya* bestehe eben darin, an diesen Unterschied zu glauben.

Der Hinduismus versucht, einen Gott oder eine Göttin und die Beziehung des Gläubigen zu ihnen mit den Begriffen der Sānkhya- und der Yōga-Philosophie zu beschreiben. Die Viṣṇusahasranamas, die tausend Namen von Viṣṇu, nennen Viṣṇu zum Beispiel Puruṣa (14.) und Sākṣi (15.), den ›Zeugen‹. Der 24. Name nennt ihn Puruṣōttama, den ›größten unter den Puruṣas‹, der 28. nennt ihn Sthāṇu, den ›Unbeweglichen‹. Unbeweglich ist Puruṣa, weil jede Bewegung ein Zeichen des Mangels ist. Daher ist der vollkommene Viṣṇu Sthāṇu.

Die tausend Namen von Śiva nennen ihn Mahat (53.) – das erste Produkt in der Entwicklung der Prakṛti, auch Buddhi genannt. Der 262. Name nennt ihn Sānkhyaprada, den ›Schenker von Sānkhya‹.

Die tausend Namen von Dattatreya schreiben ihm wiederholt Sattva zu – Sattvakṛte, Sattvabṛte, Sattvasagaraya, Sattvavide, Sattvasaksinenamah (18., 19., 22., 23. und 24.) –,und der 635. Name nennt ihn Triguṇātmaka, die ›Seele der drei Eigenschaften‹.

Sarasvati wird Sattvaguṇasraya, ›der Ort der Sattva-Eigenschaft‹, genannt (193.) oder Triguṇanvita, ›die mit den drei Eigenschaften Verbundene‹. Göttin Gāyatri wird Tamōpahāriṇi, ›die Zerstörerin von Tamas‹, genannt, und der 74. Name nennt sie Sattvika, ›die von Sattva-Eigenschaft Beseelte‹. Die dreihundert Namen von Lalita nennen die Muttergöttin Sattvarapa, die deren Gestalt Sattva ist. Sie heißt auch Mahasana, die Gestalt, die der Sitz für 36 Tattvas ist.

Jede Hervorbringung in der Entwicklung der Prakṛti heißt Tattva. Nach der ursprünglichen Sānkhya sind es insgesamt 25 Tattvas: Puruṣa, Prakṛti, Mahat, Ahankāra, 5 Manas, 5 Sinnesorgane, 5 Tatorgane, 5 feinstoffliche Elemente und 5 grobstoffliche Elemente. Dieses Schema haben verschiedene Schulen und verschiedene Denker unterschiedlich fortentwickelt, wobei sie jeweils separat die Hervorbringungen der Entwicklung zählen. So kommen die Śākteyas auf 36 Tattvas, für die alle Lalita der Sitz ist. Aber Lalita ist Prakṛti, die Substanz, oder *mūlaprakṛti*, die Ursubstanz, aus der sich alles entwickelt hat. Nun wollen das Tantra und die saivistische Schulen sowie einige Vaiṣṇava-Schulen die Unüberbrückbarkeit zwischen Puruṣa und Prakṛti nicht akzeptieren, und ihrer Meinung nach ist Prakṛti nicht nur dynamische Materie. Lalita wird auch Avyakta, ›die Unausgedrückte‹, genannt. Die Śākteyas glauben als Nicht-Dualisten, dass Prakṛti und Puruṣa (genannt Brahma) eins werden können.

Der Vaiṣṇava-Philosoph Ramanuja macht reichlich Gebrauch von dem Sānkhya-Schema der Welt, verwandelt es aber zu religiösen Zwecken. So ist für ihn Gott, d.h. Viṣṇu, nicht nur ein bewegungsloses und tatenloses Bewusstsein, das nie mit der Materie in Berührung kommt. Prakṛti ist sein Wohnort, er inkarniert sich und erhört die Bitten seiner Gläubigen. Er selbst ändert sich nicht. Aber seine Attribute können sich verändern. Auch die unzähligen Seelen können sich trotz ihrer Stetigkeit verwandeln, je nach ihren Handlungen. Diese Verwandlung ist erkenntnismäßig; sie bewirkt die Erlösung von der Materie und setzt die Seele in Beziehung zu Viṣṇu.

Auch im Śaivasiddhanta oder Śaivismus Südindiens erkennt man die Spiegelung der Sānkhya-Yōga-Philosophie. In dieser weit verbreiteten Richtung im Hinduismus nimmt Śiva den Platz des Überpuruṣa des Yōga ein. Er bleibt unberührt von der Prakṛti, obwohl er die Schöpfung in Gang setzt. Dem Śaivismus zufolge besteht die Welt aus Śiva, Prakṛti und den unzähligen gebundenen Seelen, die Pasus, Tiere, genannt werden. Die Welt mit ihrer Vielfalt ist dafür da, dass die Menschen Erfahrungen machen können, um sich dann von ihr zu erlösen. Śiva, der Barmherzige, hilft ihnen dabei durch seine Gnade. Nach der Erlösung treten die unsterblichen Seelen in eine bestimmte Verbindung zu Śiva, ohne eins mit ihm zu werden.

Der Einfluss des Sānkhya-Yōga ist so unausweichlich, dass sich selbst der Nicht-Dualist Śankarācārya immer dann auf dieses Schema der Weltentwicklung stützte, wenn er die Welt von einem empirischen Standpunkt aus erklären wollte. Im Übrigen lehnte er die Vielfalt der Welt aus einer absolutistischen Position heraus ab und erklärte einerseits alles nur für eine Illusion, Māya, und andererseits das Brahma, das absolute Bewusstsein, für die einzige Wahrheit (Chatterjee/Datta, S. 380).

Für den vollständig ausgeformten Hinduismus ist die Philosophie des Yōga so wichtig, dass die Bhagavadgīta, eine der heiligsten Schriften der Hindus, immer wieder auf sie eingeht.

§ 34 *Yōga und Gymnastik*

Im Westen hat Yōga in den letzten Jahrzehnten ein ganz anderes Gesicht bekommen. In Deutschland gibt es viele Institutionen, an denen Yōga unterrichtet wird. Man hofft durch Yōga, d.h. verschiedene Yōga-Leibesübungen, fit zu werden oder zu bleiben oder gesünder zu leben. Man vergisst oft dabei, dass die Leibesübungen nur ein kleiner Teil der gesamten Yōga-Philosophie sind, dass es das Endziel des gesamten Yōga-Wegs ist, die Reinheit des Bewusstseins wieder herzustellen, dass der Körper oder das Körperbewusstsein letztlich ganz zu überwinden ist. Die *āsanas*, die yōgischen Körperstellungen, bilden bloß ein Achtel der yōgischen Lebensführung. In ihrer Gesamtheit besteht sie aus *yama* (äußere Disziplin), *niyama* (innere Disziplin), *asana* (Körperstellung), *prāṇāyāma* (Atemübungen), *pratyāhāra* (Zurückhaltung der Sinne), *dhārana* (Konzentration), *dhyāna* (Meditation) und *samādhi* (Versenkung), aus dem so genannten achtgliedrigen Weg (Patanjalis Yōgasutras, II, 29). Allein das erste Glied Yama besteht wieder aus *ahimsa* (Gewaltlosigkeit), *satya* (Wahrheit), *asteya* (Nicht-Stehlen), *brahmacarya* (Keuschheit) und *aparigraha* (Nicht-Besitzen).

Als der Autor einmal in einem Yōga-Seminar deutschen Yōga-Interessenten dieses philosophische System darstellte und das eigentliche Ziel des Yōga benannte, die Reinheit des Puruṣas in der Abgeschiedenheit von Prakṛti (worunter eben auch der Körper zu verstehen ist), waren die Teilnehmer entsetzt. Sie fragten: Wozu ist die Reinheit meines Bewusstseins gut? Ist der Zustand nicht langweilig? – Man weiß nicht, wozu es gut ist. Und ob es langweilig ist. Nun: Gleichgültig, ob es als langweilig oder als aufregend empfunden wird – dies ist das Ziel des Yōga nach seinem Urheber Patanjali.

Kapitel VII
Bhakti und die Ästhetik des Hinduismus

In europäischen Städten begegnet man immer wieder religiösen Gruppen, die singen oder singen und tanzen. Sie haben meistens ein großes Bild oder eine oder mehrere Statuen vor sich stehen, die sie offensichtlich verehren. Man denke an Sai Babas Anhänger und ihre wöchentlichen Treffen am Donnerstag oder an die ISKCON, die Anhänger der Hare-Kṛṣṇa-Bewegung, die von Sektenbeauftragten mit Sorge beobachtet werden. Man fragt sich, ob sie irgendetwas mit Hinduismus zu tun haben. Oder handelt es sich hier nur um einen Missbrauch indischer Begriffe und Gebetsformen? Man erlebt in Indien, wie die Gläubigen in Tempeln vor dem Allerheiligsten singen und tanzen, wie Statuen der Gottheiten in Sänften in einer Prozession unter Musikbegleitung um den Tempel getragen werden und wie alljährlich Viṣṇu mit seiner Gemahlin Lakṣmi oder Śiva mit seiner Gemahlin Pārvati verheiratet werden und ihre Hochzeitszeremonie grandios zelebriert wird. In Madurai wird Śiva jede Nacht in einer Sänfte in das Schlafgemach seiner Gemahlin getragen, um ihr dort beizuwohnen. Womit rechtfertigt der Hinduismus diese »Albernheiten«? Ein überzeugter Christ bemängelte einmal in einem Gespräch: »Wir Christen können uns nicht vorstellen, dass euer Kṛṣṇa so viele Geliebte hat«; sollen wir uns denn über die Liebeleien eines Gottes unterhalten?

§ 35 *Das Wahre und das Gute ist auch das Schöne*

Nach Hindu-Auffassung ist Gott die absolute Wahrheit, die absolute Güte und die absolute Schönheit. Und nicht nur Gott, sondern auch Menschen, die Gottesgnade erfahren haben, sehen schön aus. Hierfür gibt es unzählige Beispiele in den Biografien der indischen Heiligen: So ist z. B. überliefert, dass die Anhänger von Shirdi Baba (1918) oder Swami Samartha (1877) die Augen nicht von ihren geistigen Idolen abwenden konnten.

Rāma, Viṣṇus siebte Inkarnation, wurde von seiner Stiefmutter in den Wald verbannt, wo Dämonen seine Frau Sita entführten. Rāma ging mit seinem Bruder Lakṣmaṇa auf die Suche nach Sita. Als er durch den Wald schritt, sahen ihn viele Eremiten, die sich bereits jahrzehntelang in tiefer Meditation befanden. Rāma war so schön, dass sie sich in ihn verliebten und sich nicht von ihm trennen konnten. Rāma musste jedoch weiterziehen, da die Vernichtung einiger Dämonen die eigentliche Mission seiner Inkarnation war. Er versprach den Eremiten aber, sich wegen ihnen wieder zu inkarnieren. Viṣṇu inkarnierte sich als Kṛṣṇa, und die Eremiten inkarnierten sich als Kuhhirtinnen in Vrajabhumi, am Ufer des Jamunaflusses.

So kam es, dass Kṛṣṇa sechszehnhundert Geliebte hatte, obwohl meistens nur von acht Geliebten die Rede ist. Zwar waren diese Kuhhirtinnen verheiratet, aber für sie gab es dennoch nur einen einzigen Mann in der ganzen Schöpfung, und das war Kṛṣṇa. Verglichen mit ihm bestand der Rest der Menschheit nur aus Frauen – eine Auffassung, die noch im Mittelalter viele Anhänger hatte. Mira Bai, eine Kṛṣṇa-Verehrerin, verließ ihren Ehemann mit der Begründung, nur Kṛṣṇa sei ihr Mann und alle anderen Menschen seien vor Gott nur Frauen.

Kṛṣṇa hatte jedoch, nach menschlichem Ermessen, eine schwere Aufgabe, mit sechzehnhundert *gōpikas* (›Kuhhirtinnen‹ oder ›Bäuerinnen‹) gleichzeitig umzugehen, da jede ihn ganz für sich haben wollte. Kraft seiner Allmacht vervielfältigte sich Kṛṣṇa jedoch sechszehnhundertmal und erschien bei jeder Bäuerin an mondbeleuchteten Abenden am Ufer des Jamunas und tanzte und spielte mit ihnen. Jede Gōpika dachte, sie hätte Kṛṣṇa ganz für sich. Solche Wundertaten sind kaum zu übertreffen. Während im Christentum die Brotvermehrung oder die Fischvermehrung als Wundertaten gelten, kann der Hinduismus Gottes Selbstvermehrung rühmen.

Als die Kuhhirtinnen einmal im Fluss badeten, ging Kṛṣṇa heimlich zum Ufer, stahl ihre Saris und bestieg einen Baum, um sie von einem Ast aus zu beobachten. Er weigerte sich, ihnen ihre Saris zurückzugeben, bis sie aus dem Wasser herauskamen und ihm ihre nassen, nackten Körper zeigten. Kṛṣṇas Streiche und Liebeleien am Jamuna mit den Gōpikas tragen den Namen *rasakrida*, ›ästhetische Spiele‹. Sie lieferten der indischen Malerei und Dichtung unerschöpfliche Themen: Kṛṣṇa auf einem Baum und die Gōpikas im Fluss sind ein beliebtes Motiv vieler Gemälde, und viele Dichter priesen die ästhetischen Spiele in ihren Werken. Das berühmteste Werk stammt jedoch von dem Dichter Jaya Deva (12. Jh.), der in seinem Werk »Gītāgōvindam« die Liebesqualen der Kuhhirtinnen und Kṛṣṇas Orgien am Jamuna zelebriert.

Die Gōpikas waren keine Nymphomaninnen; sie waren in ihren vergangenen Leben Eremiten und Weltentsager gewesen. Jetzt, in dieser Existenz, tun sie auch nichts anderes, als ihre Ehemänner und Familien zu verlassen und wegen Gott jegliche Bindung zur Welt zu lösen, sich ihm ganz hinzugeben und zu dienen.

Und auch Kṛṣṇa ist kein Lüstling, der fremde Frauen begehrt. Er ist der Yōgīśwara, Herr des Yōga, und Guru für die ganze Welt. Die Beziehung zwischen Gopikas und Kṛṣṇa wird von *bhakti* bestimmt, d. h., der Gläubige erkennt seine Abhängigkeit und Trennung von Gott und will seine Nähe wieder durch Liebe erreichen. Umgekehrt ist auch Gott von seinen Gläubigen abhängig, und eine Trennung von ihnen ist nicht auszuhalten. In der »Bhagavata« gesteht Kṛṣṇa: »Ich bin ihnen [meinen Verehrern] ergeben. Sie haben Macht über mein Herz. Es ist, als ob ich keine Freiheit hätte« (Swami Tapasyananda, S. 340). Diese wechselseitige Abhängigkeit wird durch verschiedene Vergleiche und Metaphern ausgedrückt: Der Verehrer zum Beispiel ist sehnsüchtig nach Gott, wie eine Biene, die den Nektar einer Blüte genießen will, und Gott sehnt sich genau so, vielleicht sogar intensiver, nach seinen Verehrern wie eine Kuh nach dem Kalb, das von ihr getrennt wird.

§ 36 *Bhakti als Reformbewegung in der Hindu-Gesellschaft*

Bhakti, Sanskrit für liebevolle Hingabe (siehe auch § 16), ist eine der vielen alten Bewegungen, die sich gegen den Vedismus wehrten und seine entfremdenden mechanistischen Rituale und sein rigides Kastensystem lockern wollten. Während der Vedismus im Norden entstand und sich in ganz Indien verbreitete, hatte die Bhakti-Bewegung mehrere Geburtsorte, im Norden sowie im Süden.

Obwohl dieser Bewegung keine Neigung zu ausführlichen wissenschaftlichen Abhandlungen zu Eigen war, brachte sie dennoch einige Theoretiker und Philosophen hervor, wie Vyāsa, Garga, Śandilya und Nārada im Altertum und Rāmānuja, Vallabha, Balarama, Caitanya im Mittelalter. Aus ihr gingen jedoch immer viele religiöse Dichter hervor, die in Ekstase ihren Gott priesen. Dazu gehört die Vielzahl von Tamildichtern, Alvars und Nayanars, deren Werke zum heutigen Alltag gehören und die mit den Veden gleichgesetzt werden.

In der Haltung gegen das starre Kastensystem mit seiner Ausgrenzung der niederen Kasten ist Bhakti dem Buddhismus, Jainismus und Tantra ähnlich. Dabei stellten die Bhakti-Anhänger weder die Autorität der Veden in Frage, wie es die Buddhisten oder die Jainisten taten, noch setzten sie ihren Wert herab, wie die Tantriker. Einige von ihnen wollten nur das Monopol der Brahmanen auf die Veden brechen und sie ›säkularisieren‹, d. h. sie jedem, unabhängig von seiner Kastenangehörigkeit, zugänglich machen.

Wie ein Grundrecht aus einer Verfassung klingt ein diesbezüglicher Aphorismus aus Naradas Werk: »Die Anhänger der Bhakti unterscheiden die Menschen nicht auf Grund der Kaste, des Wissens, Schönheit der Form, der Geburt in eine höhere oder niedere Familie, des Reichtums, des Besitzes oder desgleichen. [...] Weil sie alle ihm [Gott] gehören« (Narada Bhaktisutras, 72/73). Sie weihten Menschen aus den niederen Kasten in das unter den drei oberen Kasten streng geheim gehaltene Gāyatrimantra ein und erklärten sie für Brahmanen. Ein berühmtes Beispiel für solche Aktionen war Ramanuja (11. Jh.) aus Südindien, der das Gāyatrimantra von einem Tempelturm herab allen Bewohnern der Stadt Sri Perambudur publik machte.

Da Gott der einzige Mann und alle Menschen nur Frauen waren, wurden die Frauen nicht benachteiligt. Es gab hoch anerkannte Frauen, die von allen verehrt wurden. Dazu zählen Mira Bai, Sakku Bai, Mella oder Godadevi.

Bhakti gewann auch viele Buddhisten und Jainisten zum Hinduismus zurück und sorgte für das weitgehende Verschwinden des Buddhismus, der ohnehin wegen seiner inneren Verwicklungen und wegen der islamischen Eroberungen den Boden in Indien zu verlieren begann. Auch zahlreiche Muslime wurden von der Bhakti so beeindruckt, dass sie zum Hinduismus übertraten. Aber letzten Endes ist der Beitrag der Bhakti-Bewegung zum Abbau des Kastensystems nicht besonders groß. Anstatt der Benachteiligung der Menschen von niederen Kasten entgegenzuwirken, erhob sie sie in den Stand der Brahmanenkaste. So entstanden viele Sub-Brahmanenkasten, wodurch sich der Status der niederen Kasten nicht wesentlich verbesserte.

§ 37 *Bhakti als Reform der Hindu-Religion*

Das Tantra lehnte sich gegen den Ritualismus der Veden und das Monopol der Brahmanen auf, aber entwickelte gleichzeitig genauso komplizierte Formen, woraus sich eine Wissenschaft, Tantraśastra, entwickelte. Bhakti stellt eine weitere Bewegung gegen den Vedismus dar. Sie hat die Einstellung der Hindu-Gläubigen zu Gott und zur Religion grundlegend verändert.

Nicht Karmamārga oder Jnānamārga (der ›Weg der Handlungen‹ oder der ›Weg der Erkenntnis‹) kann den Menschen nach der Grundüberzeugung des Bhakti zu

Gott führen und auch keine Form von Yōga. Die komplizierten Rituale und ihre penible Praxis sind kein Garant für die Erlösung aus dem Kreis der Wiedergeburten. Die ganze Gelehrsamkeit und alle Erkenntnisse bleiben unnütz, wenn sie – was auch für Yōga gilt – im Leben nicht umgesetzt werden.

In unserem Zeitalter, da Menschen dem Zeitgeist entsprechend in Neid, Streitigkeiten, Gier und Triebhaftigkeit verfallen, sind diese Wege schwierig zu beschreiten, da der Mensch zu fehlerhaftem Verhalten neigt. Die Folgen von Fehlern in der religiösen Praxis oder auf dem Erkenntnisweg sind gefährlich, weswegen der Weg mit einem Seiltanz verglichen wird. Fast alle tantrischen Texte warnen die Aspiranten davor. Wenn jemand Meditation mit Durgasmantra übt, ohne das Durgakavaca (ein Gebet, das den Aspiranten wie ein Panzer schützt) zu kennen, geht er in die Hölle, warnt zum Beispiel ein Tantra (*ajñātva kavacam Devi Durgāmantram ca yō japet, sa vāpnōti phalam tasya param ca narakam vrajet* – Durga Sahasranama Stōtra, S. 69). Wie die falsche Aussprache einer kleinen Silbe verheerende Folgen haben kann, haben wir bereits gesehen: Was soll der Aspirant also tun?

Patanjali erwähnt in seinem Werk »Yōgasutras« verschiedene Methoden, wie man das Ziel des Yōga erreichen kann. Anschließend sagt er aber: Oder durch die »Hingabe an Gott« (I, 23). Man kann sich den schwierigen Übungen unterziehen oder sich Gott ergeben, um das Ziel des Yōga zu erreichen. Bhaktas, wie die Anhänger der Bhakti-Bewegung heißen, stimmen Patanjali bewusst oder unbewusst zu und meinen, für das Heil des Menschen seien die komplizierten Rituale und der Erkenntnisweg nicht notwendig. Gott belohne nicht das rituelle Können noch die Gelehrsamkeit, sondern die Liebe und Bescheidenheit, die der Gläubige ihm gegenüber habe.

Bhakti ist größer als Karma, größer als Jnāna und größer als Yōga, heißt es in Naradas Bhakti-Aphorismen (Narada Bhaktisutras, 25). Wenn jemand Gott einmal begrüßt, wird er mehr Früchte ernten als jemand, der zehnmal Aśvamedhayajña vollzogen hat; der Mensch, der Kṛṣṇa begrüßt hat, ist am Ziel der Erlösung und tritt aus dem Kreislauf der Geburten heraus, wohingegen der Mensch, der zehnmal Aśvamedhayajña vollzogen hat, wiedergeboren werden wird, heißt es in den Purāṇas (Śankarabhasya, S. 34). Für das Heil des Menschen braucht man weder Mantras noch Bījākṣaras noch die vedischen Yajñas. Der einfache Name Gottes ist das größte Mantra, das es je gegeben hat. Ein Vers verkündet: *Harernamameiva ... mama jīvanam, Kalau nastyeva ... gatih anyatha* – ›Der Name von Viṣṇu allein ist mein Leben. Im Kaliyuga gibt es keinen anderen Weg [zum Heil]‹ (ebenda, S. 32).

Bei den Vedisten oder Tantristen musste man elaborierte Riten abhalten, um sich von den Sünden zu erlösen. Bhakti dagegen schlägt den einfachen Namen Gottes vor und erklärt: Selbst wenn jemand im sündhaften Geist an Viṣṇu denkt, werden alle seine Sünden beseitigt, wie das Feuer einen verbrennt, selbst wenn man es aus Unwissenheit berührt. Der Effekt des Gottesnamens ist bedingungslos. Ein unrettbarer Sünder braucht nur einmal vor seinem Tod den Gottesnamen auszusprechen, dann verzeiht Gott ihm alle Sünden und nimmt sich seiner an.

Bhakti predigt eine schlichte und bescheidene religiöse Haltung, in der es nur auf den Glauben und Gottesgnade, *prasāda*, ankommt. Alles andere wie Rituale und Mantras oder Yantras sind überflüssig und sogar ein Hindernis auf dem spirituellen Weg, da sie nur das Ego verstärken.

Entsprechend groß ist auch der Anspruch Gottes an den Gläubigen. Er verlangt bedingungslose Hingabe von ihm.

Kṛṣṇa verlangt von Arjuna in der Bhagavadgīta: Gib alle deine Pflichten auf und suche Zuflucht nur bei mir. Ich werde dich von allen Sünden erlösen, mach dir keine Sorgen (Bhagavadgīta, 18. 66). Die Beziehung zwischen Kṛṣṇa, der Inkarnation Viṣṇus, und Arjuna, dem Menschen, in der Bhagavadgīta ist wie zwischen zwei Freunden. Darf ein Mensch Gott wie einen Freund behandeln?

Bhakti hat die Religion vollkommen anthropomorphisch, also nach dem Bild des Menschen, umgestaltet. Dass Menschen Gottheiten nach ihrem eigenen Aussehen schaffen, ihnen Geschlechtsorgane, Hände, Füße, in Indien sogar Hautfarbe zudenken, ist nichts Ungewöhnliches; es ist aber das Verdienst der Bhakti-Bewegung, dass sie auch die Gedanken- und Emotionensphäre der Götter vermenschlicht hat. Demnach sind Götter keine unbewegten Beweger wie bei Aristoteles oder Puruṣas wie in der Sānkhya-Yōga-Philosophie. Sie lieben Menschen, Tiere und Pflanzen. Werden sie angebetet, erbarmen sie sich selbst der geringsten Menschen. Sie verlangen von ihren Anhängern restlose Ergebenheit und schützen sie dafür rundum; ihr Zorn trifft deren Feinde. Der Bhakti-Einstellung zufolge möchten Götter von ihren Verehrern gebadet werden, und sie lieben gute Kleider aus Seide, schöne Düfte, wohlschmeckende Speisen und Getränke. Nach dem Essen möchten sie geschaukelt werden und Luft zugefächert bekommen (da die Luft in den dunklen Tempeln stickig ist – in reichen Tempeln, wie in Tirupati, haben Gläubige das Sanctum Sanctorum klimatisieren lassen). Nach der ganzen Verehrung wollen die Götter zum Schlafen gebracht werden. Damit sind ihre Wünsche nicht erschöpft: So schätzen sie es, morgens mit Lobgesängen, *suprabhata*, geweckt zu werden.

Die Götter sind zudem die größten Schirmherren der schönen Künste und der Dichtung. Unzählige Dichter haben im Mittelalter ihre Werke Viṣṇu oder Śiva gewidmet, und unzählige Musiker haben Lieder auf sie komponiert, die heute noch zu vielen religiösen Anlässen gesungen werden. Sie gehören zum Kulturgut und zur allgemeinen Bildung der Inder. Wer die schönen Bhakti-Lieder hören will, der möge zu einem Zentrum von »Hare Rāma, Hare Kṛṣṇa« gehen und die Ästhetik des Hinduismus genießen.

§ 38 *Verschiedene Formen von Bhakti*

In Bhakti wird Gott zu einem mächtigen Menschen, der ständig die Zuwendung und die Dienste seiner naiven Gefolgschaft braucht. Auf der anderen Seite lebt der Mensch im ständigen Bewusstsein, dass er von Gott in jeder Kleinigkeit abhängig ist. Dienen oder Dienst bedeutet auch das Sanskritwort *bhaj*, aus dem sich der Ausdruck Bhakti ergibt. Wie keine andere religiöse Strömung definiert Bhakti die Beziehung zwischen Gott und dem Menschen als Liebe, *prema*. Narada definiert Bhakti selbst als die absolute Liebe (Aphorismus 2). Nur über sie ist der Zugang zu Gott zu finden.

Man fragt sich: Wie ist diese Liebe zu erzeugen? Naradas Aphorismen antworten.

Solange die wahre Liebe nicht erweckt ist, muss man den Regeln der heiligen Schriften folgen und bei Gott Zuflucht suchen. Die Liebe setzt voraus, dass sich der Gläubige seine Objekte zur Befriedigung seiner Sinne nicht mehr in der Welt sucht. Die Augen zum Beispiel möchten gerne eine schöne Frau ansehen; darin liegt ihre Befriedigung. Der Bhakta soll gerade diesen Trieb der Augen unterbinden und auch seine Sehnsucht nach den Gegenständen der Sinne aufgeben. Er soll in seinem Alltag nur an Gott denken, immer seinen Namen ›chanten‹ und Lobgesänge auf ihn singen. Letzten Endes kann die Liebe zu Gott nur von einer großen Seele (einem Guru) erweckt werden, obwohl es schwierig ist, so jemand zu finden oder ihn zu erkennen (Aphorismus 39).

Dennoch ist die Liebe als Gnade eines Gurus zu verstehen, und es besteht kein Unterschied zwischen einer solch großen Seele und Gott. Man denke an Sri Caitanya (1486–1533), der viele Menschen auf den Bhakti-Weg gelenkt hat. Er galt nicht nur als menschlicher Guru, sondern zugleich als eine Inkarnation von Kṛṣṇa.

Ein Aspirant soll die Gesellschaft schlechter Menschen meiden. Wie kleine Wellen sind in jedem Menschen Begierden und Gelüste vorhanden. Schlechte Gesellschaft, *dussanga*, kann sie in einen Ozean verwandeln. Die Gesellschaft guter Menschen, d. h. Bhakti praktizierender Menschen, *satsanga*, fördert dagegen Bhakti. Durch ständige Praxis und Gnade eines Gurus wird letzten Endes Bhakti oder reine Liebe zu Gott erweckt. Diese Liebe ist unbedingt und selbstlos. Der Bhakta liebt Gott nicht deshalb, weil er irgendetwas Weltliches oder Kenntnisse von Gott haben möchte oder weil er in Schwierigkeiten steckt.

Je nachdem, welche Einstellung ein Bhakta zu Gott hat, ist die Form seiner Liebe verschieden. Die fortschreitenden Formen sind: 1. *priya*, 2. *atma*, 3. *suta*, 4. *sakha*, 5. *guru*, 6. *suhṛt* und 7. *iṣṭadevata*. Priya ist der Liebhaber oder die Geliebte; der Bhakta sieht sich als die Geliebte Gottes, wie im Fall der Kuhhirtinnen.

Atma, die Seele, ist im Hinduismus eine Spiegelung Gottes und daher das Höchste auf dem spirituellen Weg; der Aspirant sieht Gott als seine eigene Seele.

In Suta, der Eltern-Kind-Beziehung, betrachtet der Gläubige Gott als sein eigenes Kind und dient ihm liebevoll mit Fürsorge; Beispiele dafür sind Nanda und Yaso da, die Eltern von Kṛṣṇa.

Ein Bhakta kann Gott als seinen Freund betrachten und mit ihm wie mit einem Freund umgehen; das ist Sakha. Arjunas Beziehung zu Kṛṣṇa war eine solche. Arjuna kannte die wahre Natur Kṛṣṇas nicht und bat ihn, im Krieg gegen seine Cousins sein Wagenlenker zu sein. Weil Kṛṣṇa gerne auch auf den Wunsch eines Freundes eingeht, akzeptierte er ihn und lenkte den Kampfwagen auf dem Schlachtfeld. Das rührendste Beispiel jedoch ist die Geschichte von Sudāma, Kṛṣṇas Kindheitsfreund, der ein bettelarmer Brahmane war. Als ob die Armut nicht Problem genug gewesen wäre, hatte Sudāma auch noch viele Kinder zu ernähren. Eines Tages riet ihm seine Frau, zu seinem reichen Freund Kṛṣṇa zu fahren und um Hilfe zu bitten. Als er sich endlich von seiner Frau überreden ließ, tauchte eine andere Schwierigkeit auf. Sudāma hatte nichts, was er als Geschenk für Kṛṣṇa mitnehmen konnte. In seinem armen Haushalt gab es nichts anderes als ein paar Reisflocken (die Speise von armen Menschen). Als Sudāma Kṛṣṇa in dessen prunkvollem Palast traf und sich von ihm bewirten ließ, hatte er jedoch keinen Mut, sein armseliges Geschenk zu überreichen. Kṛṣṇa aber erkundigte sich danach, verzehrte es gierig und wurde zu Sudāmas Erstaunen höchst glücklich. Man wird nicht überrascht davon sein, dass Sudāma selbstverständlich bei seiner Rückkehr in sein Dorf sein Haus nicht mehr fand, sondern an seiner Stelle einen Palast und darin seine beglückte Familie.

Die Liebe konnte auch wie die zu einem Ahnen – Guru –, einem Wohlwollenden – Suhṛt – oder wie zu einem Lieblingsgott – Iṣṭadevata – sein.

Die Liebe konnte darüber hinaus alle diese Formen gleichzeitig annehmen, wie es in einer Lobpreisung heißt:

Tvameva māta ca pitā tvameva, tvameva bandhuśca sakha tvameva. Tvameva vidyā, dravinam tvameva, tvameva sarvam mama deva deva! – ›Du bist meine Mutter und mein Vater. Du bist mein Verwandter und Freund. Du bist mein Lernen und mein Geld. Oh mein Gott! Du bist mein Alles.‹

Der Bhakta liebt Gott, und diese Liebe ist das Mittel und der Zweck seines spirituellen Lebens. Anders als die Jnānamārgis oder Advaitavedāntis will er nicht eins mit Gott werden. Er will Gott möglichst nahe sein, ohne Gott zu werden. Ein Bhakti-Dichter beschreibt es so: »Ich will eine Biene sein, die am Rand des Nektarkelches sitzt und den Nektar genießt. Aber ich will mich nicht in den Nektar verlieren.« Gemäß den Bhakti-Philosophen behält der Aspirant seine Identität selbst nach seiner Erlösung von den Zyklen der Wiedergeburten und genießt den Unterschied zu Gott in seiner Nähe.

§ 39 *Bhakti im Hinduismus*

Die Bhakti-Bewegung hatte eine große humanisierende und ästhetisierende Wirkung auf die Hindu-Religion und Gesellschaft, und niemand konnte sich ihrem Einfluss entziehen. Selbst Śankarācārya, der seine Advaitavedānta, die Philosophie des Nicht-Dualismus, streng logisch begründete und die Existenz aller Götter und Göttinnen nur für eine relative Wahrheit erklärte, unterlag dem Bhakti-Einfluss. Er schrieb viele Lobgesänge auf verschiedene Götter und Göttinnen. In einem Lobgesang auf die Muttergöttin, »Lalita Tripura Sundari«, schrieb er ganz wie ein Bhakti-Dichter: »Ich kenne weder Mantra noch Yantra, ich kenne auch keine Lobgesänge. Ich weiß nicht, wie man dich einlädt oder auf dich meditiert. Ich kenne nicht deine Geschichten und deine Mudras, noch kann ich vor dir weinen [wie die guten Bhaktas wegen ihrer Trennung von Gott]. O Mutter, ich weiß aber eines. Dir zu folgen bedeutet, die Schwierigkeiten zu überwinden« (Lalita Sahasranama Stōtra, S. 274).

Der Hinduismus in seiner heutigen Form zeigt viele Einflüsse der Bhakti-Bewegung (für Beispiele siehe Kap. X).

Kapitel VIII
Die Bhagavadgīta, das göttliche Lied

Wie keine andere Schrift Indiens ist die heilige Schrift Bhagavadgita in der westlichen Welt bekannt. Das Erfreuliche daran ist, dass sie ihre Bekanntheit nicht der neuen, kommerziell ausgerichteten Esoterik-Welle verdankt. Sehr früh haben die Europäer die Bedeutung dieser Schrift nicht nur für die Hindus, sondern für alle erkannt und sie in ihre eigenen Sprachen übersetzt. Die erste Übersetzung ins Englische erfolgte im Jahre 1785.

Gandhi berichtet in seiner Autobiografie, wie er in England eine peinliche Erfahrung wegen der Bhagavadgīta machen musste. Er wurde dort von zwei Brüdern gebeten, bei der Lektüre dieser heiligen Schrift behilflich zu sein. Gandhi musste zu seiner Schande gestehen, dass er diese Schrift noch nie gelesen hatte. So las er zum ersten Mal in seinem Leben die Bhagavadgīta, und das in Edwin Arnolds englischer Übersetzung. Nachdem einmal das Interesse geweckt war, vertiefte er sich mit der Zeit in sie und machte sie zu seinem Lebensführer, zu dem er später einen eigenen Kommentar schrieb.

Jeder bedeutende Inder hielt diese aus dem 5. Jahrhundert v. Chr. stammende Schrift (zur Datierung siehe Radhakrishnan, 1996, Bd. I, S. 524) für so wichtig, dass er einen Kommentar über die Bhagavadgīta verfasste. Gandhis Vorgänger in der indischen Politik, der Sanskrit-Gelehrte und Mathematik-Professor Balagangadhar Tilak, tat es, ebenso der indische Philosoph Radhakrishnan. Diese lange Tradition reicht bis zu Philosophen wie Śankarācārya oder Rāmānuja zurück, die einen Kommentar zu der Bhagavadgīta abgaben, wenn sie Thesen ihrer neuen philosophischen Bewegung theoretisch untermauern wollten.

So scheint die Bhagavadgīta auf den ersten Blick eher ein philosophisches Werk zu sein. Nun hat Indien viele philosophische Werke, doch sie haben im religiösen Kontext keine große Bedeutung und werden auch nicht aus religiösen Gründen studiert. Warum also ist diese Schrift für die Hindu-Religion so heilig? Was hat sie zu verkünden?

§ 40 *Der Anlass zum Lehren*

Die Bhagavadgīta ist ein im Versmaß geschriebenes Werk, das in dem »Bhīṣma Parva« (Bhīṣmas Buch) des Riesenepos »Mahābhārata« enthalten ist. Ein Krieg zwischen den Pāṇḍavas, den fünf tugendhaften Brüdern auf der einen Seite, und den Kauravas, ihren Cousins, den hundert bösen Brüdern auf der anderen Seite, war unvermeidlich, obwohl die fünf Brüder alles Mögliche unternommen hatten, um den Streit mit ihren Cousins um das Reich friedlich zu lösen. Die Armeen beider Rivalen standen einander auf dem Schlachtfeld gegenüber. Brüder, Onkel, Schwager, Söhne, Cousins, Freunde und Könige aller Länder, d. h. die ganze Menschheit, war beteiligt. Kurz vor Kriegsbeginn weigerte sich Arjuna, einer der fünf tugendhaften Brüder, gegen seine eigenen Verwandten und Freunde einen Krieg zu führen, um sie zu töten. Als er sich die schlimmen Folgen eines Krieges vorstellte, überfiel ihn Trauer, und er ließ seinen Bogen und seine Pfeile zu Boden fallen. Er fragte seinen Wagenlenker Kṛṣṇa, den Freund, Verwandten und Philosophen: »Ich begehre keinen Sieg, kein Königreich noch die Lebensfreuden. Wozu sind sie gut, wenn ich sie durch einen Krieg erringen muss?« Arjuna verweigerte eine Handlung, die durchzuführen seine Pflicht war. Kṛṣṇa, der Herr des Yōga und der Weltlehrer (Yogiswara und Jagadguru), der uns bis jetzt nur wegen seiner Liebeleien bekannt ist, antwortete seinem Schützling Arjuna auf dem Schlachtfeld.

Kṛṣṇas Antwort besteht aus 18 Kapiteln und 700 Versen und ist ein umstrittener Gegenstand für die Kommentatoren. Nicht selten wird gefragt, wie es sein kann, dass Kṛṣṇa so viel Zeit hatte, auf dem Schlachtfeld eine lange Rede in Versen über Religion und Philosophie zu halten. Basham rechnet aus, dass Kṛṣṇa, sollte er jeden Vers in 12 Sekunden vorgetragen haben, insgesamt mehr als zwei Stunden gebraucht haben musste, um seine lange Predigt zu halten (Basham, S. 83). Haben die Feinde so lange gewartet, bis er mit seiner Rede fertig war? Vielleicht haben sie tatsächlich so lange gewartet, schließlich war damals der Kodex der Kriegsführung anders als heute oder im Mittelalter.

Das ist jedoch nicht die eigentliche Schwierigkeit mit der Bhagavadgīta. Im Mittelalter gab es eine Kontroverse darüber, was eigentlich diese Schrift lehre. Lehrt sie den Nicht-Dualismus, wie Śankarācārya sie ausgelegt hatte, oder den Dualismus, den die anderen Philosophen nach ihm bemüht waren zu zeigen? Tatsächlich lässt sie mehrfache Interpretationen zu.

Im 20. Jahrhundert entbrannte ein weiterer Streit zwischen Tilak und Gandhi über die eigentliche Botschaft der Bhagavadgīta. Tilak behauptete, ihre Botschaft sei die Anwendung von Gewalt im Dienst der Gerechtigkeit. Er galt als Extremist in der Kongresspartei. Gandhi dagegen war der festen Überzeugung, dass gewaltloser Aktionismus die eigentliche Botschaft der Bhagavadgīta sei. Diese Kontroverse hebt eine der vielen Fragen hervor: Wollte der Autor, dass seine Leser die Bhagavadgīta und den Kontext des Kriegs als Tatsache verstehen oder bloß als Symbol, als Anlass zur Darstellung einer Philosophie? Gandhi meinte, man soll den Krieg und die Ermutigung zur Kriegsführung in dieser Schrift bloß als Symbol verstehen. Einige zweideutige Wörter wie Sānkhya, Dharmakṣetra oder auch das Wort Yōga sprechen dafür.

§ 41 *Was lehrt die Bhagavadgīta?*

Die Bhagavadgīta ist ein Rückblick auf alle philosophischen und religiösen Entwicklungen innerhalb Indiens, ihre Auswertung und Beurteilung, damit die Sucher, die verschiedene Wege einschlagen, Klarheit haben. Sie beschreibt deutlich den Status der Welt und in welcher Beziehung sie zu Gott steht, trennt das Wahre vom Unwahren und das Ewige vom Vergänglichen und zeigt dem Menschen, wohin er sich entwickeln soll. Dabei beantwortet sie die Frage, was die wahre Natur des Menschen ist, und definiert sein Lebensziel. Dabei fällt auf, dass sie sich bei ihren Erklärungen auf das Sānkhya-Yōga-System stützt und es auch namentlich nennt.

§ 42 *Der Mensch, sein Körper und die Trauer*

Die Grundfrage, die Kṛṣṇa an Arjuna stellt, ist, wie es kommt, dass ein Held wie Arjuna dem nachtrauert, dem er nicht nachtrauern soll, dass er traurig wird, Gemütsschwankungen unterliegt und Unsinn (*prajñāvādān*) redet? Was ist also der Grund der Trauer?

Die Antwort liegt darin, dass Arjuna als Mensch die Erkenntnis der wahren Natur des Menschen fehlt: Er kann nicht zwischen dem Körper und der Seele unterscheiden. Die Bhagavadgīta klärt auf. Die Seele ist unsterblich, keine Waffe kann sie zerschneiden, kein Feuer kann sie verbrennen. Weder kann Wasser sie befeuchten noch können die Winde sie trocknen. Sie ist Zeuge des Weltgeschehens und bleibt mitten in dieser Welt von ihr unberührt. Sie ist das Bewusstseinsprinzip oder Puruṣa (siehe Kap. VI).

Die Seele verkörpert sich oder tritt in Verbindung mit einem Körper, weshalb sie die Verkörperte, *dehin*, heißt. Anders als die Seele ist der Körper, *deha*, ein Teil der Prakṛti oder der Natur mit ihren drei Eigenschaften – Sattva, Rajas und Tamas. Der Körper wird geboren, wächst heran, wird alt und stirbt. Er hat Sinnesorgane, und durch ihren Kontakt mit den entsprechenden Gegenständen – z. B. der Augen mit Farben, der Ohren mit Klängen oder der Nase mit Gerüchen – entsteht Lust oder Unlust. Das ist zugleich der Ursprung der Verblendung: *darśanāt jāyate mōham* – ›der Anblick führt zur Betörung‹. Die Sinnesorgane sind stets auf der Suche nach ihren Gegenständen, und so sind sie nach außen gerichtet.

Hinter den Sinnesorganen ist das Gemüt, *manas*, woraus sie sich entwickelt haben. Das Gemüt entwickelt sich aus dem Ego, Ahankāra, welches sich aus dem Intellekt, Buddhi, entwickelt. Sinnesorgane, Ego, Gemüt und Intellekt sind der Sitz von *kāma*, der Begierde, welche die reine Erkenntnis verschleiert. Wie der Rauch die Flamme und Staub den Spiegel verdeckt, verblendet sie die Seele (Bhagavadgīta, Kapitel III, 37–40). Kṛṣṇa unterrichtet Arjuna, dass das Gemüt größer als die Sinnesorgane ist, der Intellekt größer als das Gemüt und die Seele viel größer als der Intellekt. Den ganzen menschlichen Körper nennt die heilige Schrift *kṣetra*, ›das Feld‹.

Es ist auffallend, dass am Anfang der Bhagavadgīta der Ort des Kriegs *dharmakṣetra*, ›Feld der Gerechtigkeit‹, und *kurukṣetra*, ›Feld des Kuru[krieges]‹, genannt wird. Für den Krieg benutzt der Autor immer wieder den Ausdruck Sānkhya.

Arjuna soll die Wahrheit, dass die Seele größer als der Körper ist, erkennen und die Begierden, den eigentlichen Feind (ebenda, 41) töten. In der Überwindung der Begierden liegt einerseits der eigentliche Weg zur Erkenntnis der wahren Natur der Seele (*ātmasākṣātkāra*) und anderseits der Weg zu Gott und zur Erlösung.

Arjuna darf den Körper nicht mit der Seele verwechseln, worin der Grund der Trauer liegt. Die Seele wechselt ihren Körper, wie man seine Kleider wechselt. Der Mensch wird immer wieder geboren werden, solange er die wahre Natur seiner Seele, die auch das Brahman ist, nicht erkennt. Dieses Erkennen wird auch *ātmasākṣātkāra* oder *brahmasākṣātkāra* (›Verwirklichung der Seele‹ oder ›des Brahmans‹) genannt, und ihm wird höherer Stellenwert eingeräumt als allen guten Werken oder dem Eintritt in den Himmel.

Alle Werke oder Taten führen entweder zum *puṇya*, dem so genannten guten Karma, oder zum *pāpa*, dem schlechten Karma. Puṇya führt in den Himmel, während Pāpa in die Hölle führt. Selbst wenn ein Mensch wegen seiner guten Taten in den Himmel kommt, so bleibt er dort nur so lange, wie sein Puṇya es ihm ermöglicht. Wenn das Puṇya auf seinem karmischen Konto aufgebraucht ist, muss er sich wieder auf der Erde inkarnieren. Das heißt, das Puṇya und der daraus resultierende Aufenthalt im Himmel können den Menschen nicht aus dem Zyklus der Wiedergeburten befreien.

Nach indischen Vorstellungen sehnt sich die Seele nach dieser absoluten Befreiung – ein Gedanke, den ein hedonistisch veranlagter Europäer nicht nachvollziehen kann, denn der Mensch will nicht sterben, und wenn er schon sterben muss, dann ist eine Wiedergeburt wünschenswert, und mehrere Wiedergeburten sind umso wünschenswerter.

Inder hegen eine andere Meinung: Das Leben ist voller Leid, und Geburt und Tod sind schmerzhafte Erfahrungen. Die Wiedergeburt bedeutet, immer wieder im Mutterleib neun Monate lang zwischen Kot und Urin zu liegen, wie Śankarācārya in seiner berühmten Hymne »Bhajagovindam« beschreibt (*punarapi jananī jaṭhare śayanam!*). Im irdischen Leben mögen zwar einige Freuden vorhanden sein, doch folgen ihnen Sorgen und Tragödien wie Schatten dem Licht. Daher ist auf diese Freuden kein Verlass, und das Ziel des Menschen muss sein, Freuden und Leid für immer zu überwinden und in den Zustand der Glückseligkeit zu gelangen, die jenseits der beiden liegt.

Darin besteht auch der Sinn und das Ziel des menschlichen Daseins, die nach der Bhagavadgīta in Brahmasākṣātkāra liegen. Das ist die oft diskutierte Erlösung, in der Bhagavadgīta auch Nirvāṇa genannt.

Die Frage, die es zu beantworten gilt, lautet: Wie tötet man die Begierden, die den Menschen an den Körper und an die Materie binden, damit die Erlösung möglich ist? In dieser Hinsicht beschäftigt sich die Bhagavadgīta mit einer wichtigen Kontroverse, die bereits erwähnt worden ist. Es ist die zwischen den zwei Wegen zu Gott, dem Weg der Erkenntnis und dem Weg der Handlungen – Jnānamārga und Karmamārga (vgl. § 12). Der Weltlehrer Kṛṣṇa setzt den Erkenntnisweg gleich mit der Sānkhya-Philosophie (Bhagavadgīta, Kapitel III, 3). Das ist vor allem deshalb kein Wunder, da das Wort Sāṅkhya auch Analyse bedeutet. Sie ist die Analyse der Welt, des Körpers und des Bewusstseins sowie die Feststellung ihrer wahren Naturen. Die daraus gewonnene Erkenntnis führt zur Erlösung. Daher, sagt Kṛṣṇa, gäbe es kein größeres Opfer, Yajña, als die Erkenntnis (Kapitel IV, 33), und Erkenntnis sei der größte Reiniger [der Seele] (38).

Aber der Erkenntnisweg ist nicht einfach zu gehen. Vivekananda erzählte seinen Schülern in den USA die Geschichte von Vilvamangala (Vivekananda, Bd. I, S. 284), die das illustriert. Der Junge Vilvamangala verliebt sich leidenschaftlich in ein Mädchen aus dem benachbarten Dorf. Als er den Fluss überqueren will, eine gefährliche Flut herrscht und kein Fährmann bereit ist, ihn über den Fluss zu setzen, springt er ins Wasser und hält sich an einem stinkenden Holzklotz fest, der vorbeischwimmt. Als er tatsächlich ans jenseitige Ufer des Flusses gelangt, muss er über eine Mauer springen, um ins Haus der Geliebten zu kommen. Er benützt dazu ein Seil, das von der Mauer herabhängt, und geht schließlich ins Haus. Es stellt sich jedoch heraus, dass der Holzklotz eine Leiche, das Seil eine Schlange und, für ihn noch schlimmer, das Mädchen eine Prostituierte war. Auf den Ratschlag des Mädchens lenkt er seine Leidenschaft auf Gott, um ihn zu erblicken. Nach jahrelanger Meditation in einem Wald nimmt er Sannyāsa, das Mönchtum, an. Als er eines Tages an einem Flussufer sitzt und eine schöne, verheiratete Frau im Wasser baden sieht, werden seine Begierden plötzlich wieder wach, und er folgt ihr nach Hause. Der Weg der Erkenntnis ist also gefährlich, da der Aspirant immer wieder in die Niederungen der Welt zurückfallen kann.

Karmamārga, der Weg der Handlungen, hat dagegen gewisse Vorteile. Die Handlungen können sicherer die Sinnesorgane bändigen und die Aufmerksamkeit auf die

Seele lenken. Doch jede Handlung, nicht nur die rituelle, birgt einen Nachteil in sich. Sie kann den Menschen an die Welt binden, da die Handlung, Karma, als Ursache eine Wirkung nach sich zieht, d. h., das Karma-Gesetz in Gang setzt. Um sich von dem Karma-Gesetz freizuhalten, muss der Mensch im Grund genommen auf Handlungen verzichten, da sowohl eine gute als auch eine schlechte Tat eine Wirkung erzeugt – das Puṇya oder das Pāpa –, und beide binden den Menschen an den Zyklus der Wiedergeburten. Aber der Mensch kann nicht leben, ohne zu handeln. Er muss auf jeden Fall das Minimum tun, um sich oder seine Familie zu ernähren, und damit hat er bereits gehandelt. Selbst wenn er nicht leben will und sich das Leben nimmt, handelt er. Und alles erweitert sein Karma.

So stellt sich die Frage: Wie handle ich, damit meine Taten mich nicht an das Karma-Gesetz und an die Welt binden? Dafür predigt Kṛṣṇa das *niṣkāmakarma*, die desinteressierte Handlung. Mahatma Gandhi nennt dasselbe *anāsaktiyōga* (›Yōga des Desinteresses‹). Gefordert wird, der Mensch möge so handeln, dass er sich für die Früchte seiner Handlung nicht interessiert und sie Gott weiht. So hält sich der Mensch für immer frei von der karmischen Bindung, d. h. der Bindung an die Welt.

Somit predigt die Bhagavadgīta einen Aktivismus, der für die Menschen unabdingbar ist und ihn trotzdem nicht bindet. Dieser Aktivismus betrifft sowohl den religiösen Bereich wie Yajñas, Japas oder Pūjas als auch den gesellschaftlichen Bereich wie Gewaltlosigkeit, Wahrheit, Nächstenliebe, Tierliebe, Gastfreundschaft usw. Auch in diesem Bereich darf man sich nicht für die Früchte interessieren. Solche Handlungen reinigen die Seele und führen zur Erlösung oder, was dasselbe heißt, zur Erkenntnis der wahren Natur des Brahman. Daher erklärt Kṛṣṇa: »Alle

Handlungen führen zur Erkenntnis« (Bhagavadgīta, Kapitel IV, 33).

Auf diese Weise zeigt die Bhagavadgīta den Kompromiss zwischen dem Jnānamārga und Karmamārga. Demnach ist der Erkenntnisweg der bessere. Aber er ist nicht leicht zu beschreiten. Daher soll der Mensch den Weg der desinteressierten Handlungen gehen. Doch auch dies führt zur Erlangung der wahren Erkenntnisse über sich selbst und die Welt.

§ 43 *Eigenschaften des idealen Menschen*

Die zweite wichtige Frage für Arjuna ist: Was sind die Eigenschaften, die ein Yōgi oder jemand, der die Brahma-Erkenntnis erlangt hat oder erlangen will, besitzt?

Ein idealer Mensch drückt sich nicht vor Handlung. Er handelt, wohl wissend, dass sich seine ganze Macht nur auf das Handeln beschränkt, aber interessiert sich gleichzeitig nicht für seine Früchte. So jemand bleibt in Enttäuschung und Erfüllung, Erfolg und Misserfolg, Verlust und Gewinn, Sieg und Niederlage ausgeglichen. Diese Ausgeglichenheit, *samatvam*, bezeichnet Kṛṣṇa als Yōga (II, 48), und der Mensch soll in Yōga stehend handeln. Nur so bleibt der Mensch vom Karma unbefleckt, wie ein Lotusblatt im Wasser, das nie nass wird. Er ist den Gegenständen der Welt nicht verhaftet, betrachtet nichts als seines und will nichts besitzen. Er richtet seine Sinnesorgane nicht auf ihre Gegenstände. Wie eine Schildkröte ihren Kopf und alle Körperglieder in ihren Panzer zieht, zieht er seine Sinnesorgane ›nach innen‹, richtet seine ganze Aufmerksamkeit einzig auf die Seele und meditiert auf sie. So jemand besitzt *sthitaprajna*, eine stabile Weisheit, und erlangt den Frieden, *śānti* (71).

§ 44 *Die weitere Entwicklung der Sānkhya-Yōga-Philosophie*

Die Philosophie des Yōga unterscheidet sich, wie erwähnt, von der des Sānkhya darin, dass sie Īśvara, einen Überpuruṣa, postuliert, der alle Eigenschaften der anderen Puruṣas besitzt, jedoch nie der Illusion unterliegt, er sei die Materie. Daher steht er nie in Bindung, er ist immer frei. Er ist insofern als Gott zu betrachten, als er durch seine Gnade anderen Puruṣas bei ihrer Erlösung hilft. Doch er ist in völliger Abgeschiedenheit von der Prakṛti, der materiellen Natur, und ist auch kein Schöpfergott (siehe § 32). Für die Sānkhya-Philosophie gibt es dagegen keinen Īśvara. Es herrscht Gleichheit unter den unzähligen Puruṣas.

Der Wille in der indischen Religionsgeschichte, aber auch in der indischen Philosophie war es immer, diese Dualität aufzuheben. Die Materialisten führten den Geist auf die Materie zurück. Die Bhagavadgīta stellt einerseits die dualistische Philosophie deutlich dar, führt aber anderseits die Materie auf Gott zurück. Insofern entwickelt sie die Gedanken der Sānkhya-Yōga-Philosophie fort (siehe Kap. 10 und 11).

Kṛṣṇa sagt im zehnten Kapitel deutlich, die Götter und Eremiten hätten ihren Ursprung in ihm, d. h., er sei ihr Erzeuger (Kapitel X, 2). Nach dem Sānkhya-Yōga gehören viele Emotionen wie Trauer, Ärger, Freude, Lust, Unlust usw. zur Sphäre der Materie, da auch der Intellekt, das Ego, das Gemüt und die Sinnesorgane dieser Sphäre entsprechen – und nicht dem reinen Geist, Puruṣa.

Aber im 4., 5. und 6. Vers übernimmt der Īśvara deutlich die Rolle des Schöpfers, der sich auch die Natur oder Materie einverleibt. In den Versen 4 und 5 erklärt Kṛṣṇa: »Aus mir entstehen [...] Intellekt, Freude, Leid, [...] Angst, Angstlosigkeit, Gewaltlosigkeit, Ruhm und Unruhm, verschiedene Gemütsregungen der Lebewesen. Durch meinen Willen sind die sieben Heiligen, ihre vier Eltern und die vierzehn Ahnen der Menschheit geboren.« Das ist eine Behauptung, die so nicht in die dualistische Philosophie gepasst hätte. Und der 8. Vers erklärt: »Ich bin der Ursprung der ganzen Welt, und alles in dieser Welt bewegt sich wegen mir [...].« Bewegung und überhaupt jede Entwicklung beschränkt sich dem Sānkhya-Yōga zufolge auf die Natur (Prakṛti), während das Bewusstsein bewegungs- und entwicklungslos ist. Hier ist Gott auch für jede Aktivität in der Natur, also für das Entstehen, Verweilen und Vergehen der Schöpfung zuständig (20).

Als Kṛṣṇa seine wahre Natur darstellte, bat ihn Arjuna, sie auch zu zeigen. So kommt es in der Bhagavadgīta zu *viśvarūpa sandarśana*, dem Anblick der kosmischen Form des Herrn. Arjuna sieht in der Furcht erregenden kosmischen Form von Kṛṣṇa alle vedischen und nicht-vedischen Götter sowie Heilige, Eremiten, die verschiedenen Himmelswesen und die ganze Welt als die Körperglieder des Herrn. Er durchdringt die ganze Welt, deren Anfang und Ende nicht wahrzunehmen sind. Arjuna sieht alle Menschen – die Feinde sowie die Freunde auf dem Schlachtfeld – in den Mund des Furcht erregenden Herrn gelangen; einige werden zwischen seinen Zähnen zermalmt. Verängstigt möchte Arjuna von diesem Wesen wissen, wer es sei. Kṛṣṇa antwortet: »Ich bin die Zeit, die für die Vernichtung dieser Menschen stürmt. Selbst wenn es dich nicht gäbe, würde niemand von den Feinden übrig bleiben, [...] ich habe sie bereits getötet [...]. Du bist nur ein Werkzeug« (Kapitel XI, 32, 33).

Arjuna, der den kosmischen Anblick des Herrn nicht aushalten kann, bittet ihn, in seiner milden, vierarmigen Form zu erscheinen. Der Herr gewährt seinem Verehrer den Wunsch.

Das elfte Kapitel der Bhagavadgīta malt ein surrealistisches Bild von der Natur und Gott, das durch nichts zu übertreffen ist.

Damit schließt die Bhagavadgīta den Kreis. Die Yōga-Philosophie ist eine weitere Entwicklung der atheistischen Sānkhya-Philosophie und bleibt dualistisch wie Sānkhya. Ihr Gott Īśvara ist jedoch ein Taugenichts. In der Bhagavadgīta findet eine Versöhnung zwischen der dualistischen Philosophie der Yōga und dem Gottesbegriff des Hinduismus statt, wonach Gott allmächtig, allgegenwärtig und allwissend ist. Um diesen Gott zu erreichen, kann man den Weg der Erkenntnis oder auch den der Handlung gehen. Die Bhagavadgīta empfiehlt jedoch den Weg der Handlung, und darin wiederum den der Bhakti bzw. liebevollen Hingabe an Gott. Kṛṣṇa sagt ohne Vorbehalte zu Arjuna: »Denke an mich, werde mein Verehrer, bete mich an und begrüße mich. Mich wirst du erreichen. Ich sage dir die Wahrheit, da ich dich liebe« (Kapitel XVIII, Vers 65).

Kapitel IX
Die grenzenlose Götterwelt

In der vielfältigen Götterwelt des Hinduismus verschwindet nie eine Gottheit; im schlimmsten Fall wird sie nur umgewertet und anders platziert. Im Zuge der Entwicklung gesellten sich viele Götter und Göttinnen zum hinduistischen Pantheon – ein Prozess, der auch heute noch anhält. Dies wird von dem Umstand gefördert, dass in Indien wenig auf den Unterschied zwischen dem Menschen und Gott geachtet wird – ohne dass er jedoch verwischt würde. Diese Tendenz lässt sich in vielen Sprüchen beobachten, die im Alltag gebräuchlich sind. *Atithi devō bhava* – ›Der Gast sei Gott‹; *matṛ, pitṛ* – ›Mutter, Vater und der Ehemann seien Götter‹; *ācārya* – ›Der Lehrer sei Gott‹. Und von vorne herein gelten alle Kinder als Götter.

Die Hindus scheinen überall nur Götter zu sehen. Diese Betrachtungsweise ist viel zu generell, könnte man einwenden. Es gibt jedoch darüber hinaus auch die Tendenz, aus bestimmten Menschen, *streng* religiös gesehen, Götter zu erschaffen und sie rituell zu verehren. So wird einer Reihe von Gurus und Mystikern nicht nur von den Gläubigen der Status eines Gottes zugesprochen, sondern es werden auch Tempel für sie gebaut, auf Sanskrit Hymnen und Stōtras von 108 und 1008 Namen verfasst sowie ihre Yantras konfiguriert.

So hat sich die Zahl der Götter in den letzten zwei Jahrhunderten vergrößert. Shirdi Sai Baba war ein Guru, der Mitte des 19. Jahrhunderts in einem kleinen unbekannten Dorf im heutigen Bundesstaat Maharashtra gelebt hat.

Anfang des 20. Jahrhunderts wurde er berühmt, und mit der Zeit wurde sein Heimatdorf Shirdi zu einem großen Pilgerort, vergleichbar mit Tirupati oder Varanasi. Heute gibt es kaum einen Hindu-Hausaltar, auf dem sich nicht sein Bild befindet, und man kann sich kaum eine Stadt vorstellen, in der ihm nicht mindestens ein Tempel gewidmet wurde. Überdies sind viele Bücher darüber veröffentlicht worden, wie er zu verehren ist und wie sein Yantra konfiguriert ist.

Diese Tendenz, nicht nur im metaphorischen Sinn in Menschen Götter zu sehen und sie zu verehren, wird nicht in geringem Maß von der Advaitavedānta, der Philosophie des Nicht-Dualismus, gefördert.

§ 45 *Advaitavedānta, die Philosophie des Nicht-Dualismus*

Eine der wichtigsten Strömungen der indischen Philosophie seit den vedischen Zeiten ist die Advaitavedānta, die Philosophie des Nicht-Dualismus (*a* = ›nicht‹, *dvaita* = ›Zweiheit‹). Śankarācārya formulierte im 8. Jahrhundert systematisch die Grundsätze dieser Philosophie und belegte seine Thesen durch Stellen aus den Veden, Upaniṣaden, Brahmasutras und der Bhagavadgītā.

In der Advaitavedānta werden die Grundfragen der Inder, wie sie sie im vedischen Zeitalter gestellt hatten, beantwortet. Diese Fragen sind: Wer ist der Mensch? Was ist die Welt? Wer ist Gott? In welcher Beziehung stehen diese drei zueinander?

Die Philosophie, die bereits vorgestellt wurde, Sānkhya-Yōga, ist dualistisch und beschäftigt sich auch mit diesen Fragen. Ihre Antwort ist deutlich und einfach nachvollziehbar. Für sie gibt es eine vorgegebene, ewig existierende Prakṛti bzw. Urmaterie und eine Vielzahl von Puruṣas bzw. Bewusstseinseinheiten. Aus ihnen entwickelt sich die Welt. Der Mensch ist als Körper Teil der Natur und als Seele das reine Bewusstsein. Das Lebensziel ist die Erlösung des Bewusstseins von der Materie, wobei nach dem Yōga-Weg Īśvara, Gott, behilflich sein kann. Solange diese Erlösung nicht stattfindet, wird der Mensch immer wieder geboren und sterben.

Das Advaitavedānta von Śankarācārya und seinen Schülern lehnt durch logische Argumentation den Unterschied zwischen den drei Gegebenheiten der Sānkhya-Yōga-Philosophie ab und kommt zu dem Schluss, in der letzten Analyse seien sie nur eins. Daher die Bezeichnung ›Advaita‹: Gott und die Schöpfung sind nicht zwei. Diese philosophische Schule setzt logische Richtigkeit mit der Wahrheit gleich, selbst wenn diese Wahrheit für den ›Mann auf der Straße‹ schwer nachzuvollziehen ist.

Für den Mann auf der Straße existiert diese Welt mit ihrer Vielfalt – Menschen, Tieren, Pflanzen, Bergen, Tälern usw. Das ist sein fester Glaube. Dass die Vielfalt der Welt existiert und so existiert, wie sie ihm vorkommt, scheinen ihm seine alltäglichen Wahrnehmungen über die Sinnesorgane zu bestätigen. Śankarācārya stellt gerade diesen Glauben und das Vertrauen zu den Sinneswahrnehmungen in Frage. Existierte die Welt so, wie sie in den Sinneswahrnehmungen vorkommt, so gäbe es nie einen Fehler oder Irrtum. Jede unserer Wahrnehmungen müsste eine zuverlässige Quelle der richtigen Erkenntnis sein. Unsere Wahrnehmungen oder Erfahrungen sind aber nicht immer unbeirrbare Quellen der Wahrheit. Manchmal sehen wir Dinge, die es nicht gibt, oder wir sehen die Dinge nicht, die es gibt.

In der Mittagssonne am Strand glänzt etwas wie ein Silbergegenstand; bei näherer Betrachtung entpuppt sich der

Silbergegenstand als eine Muschel. Die zweite Wahrnehmung widerspricht der ersten Wahrnehmung. Philosophie muss diesem Fehler in der Wahrnehmung Rechnung tragen. Für Śankarācārya, einen idealistischen Philosophen, liegt der Grund des Fehlers in der subjektiven Wahrnehmung des Individuums und in der Beschaffenheit seiner Sinnesorgane. Sie sind so beschaffen, dass sie auf die Muschel einen Silbergegenstand projizieren, wodurch eine falsche Wahrnehmung zustande kommt. Nur eine nähere Betrachtung hebt die falsche Wahrnehmung oder Illusion auf und macht Platz für die richtige Erkenntnis.

Auf ähnliche Weise projiziert der Mensch vieles – und das heißt eben auch viel Falsches – auf das Eine, welches das *brahman* heißt, und er sieht in dem einen unterschiedslosen Brahman oder, wenn wir eine ungefähre Entsprechung in westlichen Denkströmungen verwenden, in dem unterschiedslosen universellen Bewusstsein die Vielfalt der Welt. Der Mechanismus des Projizierens und die Kraft, welcher der Mensch als ein Naturvorkommnis unterliegt, heißt *māya*, die Verblendung, oder *avidya*, das Unwissen. Māya sorgt dafür, dass das Brahman verzerrt und verstellt wird, dass auf dem Unterschiedslosen die Vielfalt der Welt erscheint. Wenn durch eine richtige, die Sinnesorgane übersteigende Erkenntnis die Māya überwunden wird, wird auch die vordergründige Erscheinung, die illusionsartige Weltprojektion verschwinden und das Brahman als die einzige Wahrheit übrig bleiben. Dann weiß der Sucher: *brahma satyam jagat mithya* – ›Brahma ist die Wahrheit und die Welt ist eine Illusion‹. Das ist die Antwort auf die Frage: Was ist die Beziehung zwischen Gott und der Welt?

Nicht viel anders ist die Beziehung zwischen dem Menschen und Gott. Māya nimmt auch auf die Selbstwahrnehmung des Individuums Einfluss, weswegen sich der

Mensch mit dem Körper und dem Körper in der Welt identifiziert. Diese Identifikation führt wiederum zur falschen Kenntnis, hinter der sich die wahre Natur der Seele versteckt. Die Überwindung der Māya bewirkt einerseits, dass die Weltprojektion verschwindet, und anderseits, dass die Seele wahre Selbsterkenntnis gewinnt. Ihrer wahren Natur nach ist die Seele nichts anderes als das unbegrenzte Brahman.

So stellt der Mensch fest, dass er selbst das Brahman, dass er das universelle Bewusstsein ist: *Jivo Brahma eva na aparah* – ›Die individuelle Seele ist nichts anderes als das Brahman‹. Diese Erfahrung hat sich an verschiedenen Stellen in der vedischen Literatur niedergeschlagen: *Aham Brahmāsmi* – ›Ich bin das Brahman‹; *tat tvam asi* – ›Du bist es [das Brahman]‹. In der Advaita-Erfahrung werden die Grenzen zwischen dem Individuum und Gott aufgehoben, und anders als bei der Sānkhya-Yōga-Philosophie werden die beiden eins.

Wenn die Welt und ihre Vielfalt nur eine Projektion ist, welche Rolle spielt Gott bei der Schöpfung? Ist auch sein Schöpfungsakt nur eine Illusion? Die Religionen glauben an einen Schöpfergott: Ist dieser Glaube damit hinfällig? Und es muss in diesem Zusammenhang auch gefragt werden: Welchen Sinn haben die Welt und das Leben?

Advaitavedānta steht an der Spitze der philosophischen Entwicklung in Indien; sie überwindet und relativiert die früheren Entwicklungsstufen, ohne sie ganz zu vernichten. Nach dieser Philosophie haben die Götter und die Welt einen beschränkten, relativen Wert. In unserem Alltag begnügen wir uns mit den relativen Wahrheiten, wohl wissend, dass sie keine absoluten Wahrheiten sind. Wenn jemand beispielsweise einen Meter Stoff auf dem Markt kauft, wird die Stofflänge nicht so präzise gemessen wie in einem Labor für wissenschaftliche Experimente. Und die

Erde bleibt für den Menschen im Alltag flach, selbst wenn sie nach wissenschaftlichen Erkenntnissen eine Kugel ist. Der Alltag besteht aus den relativen Wahrheiten.

Von der relativen Ebene her gesehen gibt es einen Schöpfergott, der für die Vielfalt der Welt zuständig ist, der eine Gestalt, vier Arme, eine bestimmte Hautfarbe, vielleicht ein paar Köpfe, ein Geschlecht und andere Bestimmungen hat. Aber diese Bestimmungen beschränken im Prinzip die wahre Natur des absoluten Gottes bzw. des absoluten Geistes, des Brahman. Jegliche Bestimmung beschränkt Gott. Die Behauptung, vier Arme zu haben, lässt dem Allmächtigen nicht die Möglichkeit, acht Arme zu haben oder sechzehn.

Daher bleibt Gott nach der Auffassung der Advaitavedānta unbestimmbar, unbeschreibbar und auch undenkbar. Die Seele eines Individuums, sei es eines Menschen oder einer Ameise, ist identisch mit diesem unbegrenzbaren Brahman. Die Götter und Göttinnen der Religion sind zwar letztlich nicht wahr, aber sie sind auf einer relativen Ebene wahr. Also sind Rāma, Kṛṣṇa, Lakṣmi, Śiva, Pārvati, Gaṇeśa in einem gewissen Sinn Götter, in einem absoluten Sinn aber nicht.

Die Advaitavedānta versucht ihre Ansichten in einer logischen Schlussfolgerung zu begründen, bleibt aber nicht dieser theoretischen Ebene verhaftet. Indiens Geistesgeschichte kennt unzählige Menschen, die die Ansichten der Advaitavedānta in eigener Erfahrung bestätigt gesehen haben und die auch anderen Menschen zu solchen Erfahrungen verholfen haben.

Viele solcher Menschen, Gurus, gab es auch in der jüngsten Vergangenheit des 19. und 20. Jahrhunderts. Rāmakṛṣṇa Paramahamsa ermöglichte zum Beispiel seinem Schüler Vivekananda die Advaita-Erfahrung. Viele Mystiker, die in der Ekstase der Advaita leben, tendieren dazu, sich mit Göttern zu identifizieren oder in der Form verschiedener Götter den Gläubigen zu erscheinen (nicht in Träumen, sondern leibhaftig). So erschien Swami Samartha seinen Gläubigen als Kṛṣṇa, Śiva, Dattatreya, Kartikeya und sogar als Muhammad. Shirdi Sai Baba erschien seinen Verehrern als Rāma, Śiva, Dattatreya, Hanumān und Vitthal. Selbst Taj ud din Baba, ein Muslim, erschien seinen Hindu-Verehrern als Rāma, um nur ein paar Beispiele zu nennen.

Diese Gurus sagten ihren Verehrern stets, sie seien Götter. Satya Sai Baba von Puttaparti zum Beispiel äußert oft, er sei Gott, und erinnert seine Verehrer daran, dass auch sie Götter seien. Die Verehrer ohne Advaita-Erfahrung können mit dieser Mahnung, selbst Gott zu sein, nichts anfangen, glauben aber Satya Sai Baba, dass er Gott ist, da er Wunder vollbringt.

Unter dem Strich bewirkt die Advaita-Erfahrung die Zunahme der Götter im hinduistischen Pantheon. Einerseits darf es, streng philosophisch betrachtet, keine Vielzahl von Göttern geben; anderseits vermehren sich die Götter mit jedem Jahrhundert.

§ 46 *Rückblick auf die Entwicklung des Hinduismus*

Der Hinduismus ist das Ergebnis eines dynamischen Prozesses, der eine jahrtausendelange Entwicklung hinter sich hat. In seiner universalen Einstellung nimmt er Rücksicht auf die neuen Anforderungen der Geschichte und der Gesellschaft, und er ist bereit, sich selbst zu korrigieren, ohne seine alte Gestalt zu verlieren. In dieser Hinsicht ist die Hindu-Religion der Verfassung eines demokratischen

Staates ähnlich, welche die Möglichkeiten für ihre eigene Erweiterung und Änderung in sich trägt.

Die Entwicklung des Hinduismus ist noch nicht abgeschlossen und bleibt immer offen für neue Anregungen. Darin besteht ihre Lebendigkeit. Während die Entwicklung der Naturwissenschaften und der Technologie im Westen eine unheilsame Wirkung auf die Religion ausgeübt hat – man denke an die zunehmende Tendenz zum Atheismus und zu Kirchenaustritten –, sind die Menschen in Indien angesichts derselben Entwicklung relativ gut von der Religion aufgefangen worden. Naturwissenschaft und Technologie konnten nicht dazu beitragen, dass die Bedeutung der Religion für die Bevölkerung geringer geworden ist. Ganz im Gegenteil: Die Zahl der Gläubigen wächst von Jahr zu Jahr. Die Anzahl der Pilger wird ständig größer, und es gesellen sich neue religiöse Gruppen zu den alten.

Das ist eine Dynamik, die keineswegs staatlichen Institutionen oder politischem ›Druck von oben‹ zu verdanken ist. Die säkulare Verfassung Indiens verbietet, dass der Staat irgendeine Religion, auch nicht den Hinduismus, unterstützt. Das heißt auch, dass in den Schulen oder an den Universitäten kein Religionsunterricht stattfinden darf. Eine Fakultät der Theologie oder der Mission ist im demokratischen Kontext Indiens unvorstellbar.

Wie kommt es also, dass in Indien auch im modernen Zeitalter der Hinduismus nicht in den Hintergrund gedrängt wird? – Die indische Gesellschaft ist offenbar fähig, das Mittel vom Zweck zu unterscheiden, und Naturwissenschaften und Technologie bleiben die Mittel zu den Werten, welche die Religion definiert und vorgibt. Darin ist die Dynamik der Hindu-Religion zu begreifen.

Bevor ein Blick auf die Hindu-Götter geworfen wird, sollen noch einmal die verschiedenen Faktoren des Hinduismus vor Augen geführt werden: In der Industal-Zivilisation liegt der Polytheismus der Religion begründet – ein Polytheismus, der nicht nur eine Mehrzahl von Göttern und Göttinnen bedeutet, sondern auch die Verehrung von Tieren, Pflanzen, Flüssen, Bergen und Geschlechtsorganen.

Der Vedismus fügte viele männliche Gottheiten und den streng rituellen Zugang zu den Göttern hinzu.

Das Tantra sprengte die strenge Form des vedischen Hinduismus und erweiterte und vertiefte sein Pantheon, indem es den Status der Göttinnen hob und viele vorvedische Göttinnen in die Religion integrierte.

Die Bhakti-Bewegung eröffnete dem Menschen eine persönliche Beziehung zu Gott und machte ihn für alle Kasten zugänglich.

Die Advaitavedānta zeigte das Potenzial auf, dass jeder Mensch Gott ist oder Gott werden kann, und ließ auf diese Weise das Pantheon offen für weiteres Wachstum.

Zum Teil wurden die Hindu-Götter bereits dargestellt (§ 14). Im Folgenden soll das Thema jedoch erweitert werden.

Die Zahl der Hindu-Götter ist nicht überschaubar. Jeder wichtige Gott oder jede wichtige Göttin hat mindestens 108 oder 1008 Namen, mit denen sie von den Gläubigen verehrt werden. Die Werke, in denen diese Namen enthalten sind, heißen Stōtras; sie stammen aus den Mythen (Purāṇas). Diese Namen sind zum Teil Attribute des jeweiligen Gottes, oder sie fassen seine Taten prägnant zusammen. So ist jedes Stōtra einer Biografie gleich.

Es gibt jedoch eine Gottheit, die keine Stōtras besitzt, aber kein Stōtra und kein Ritus ist ohne es vorstellbar – das Om.

§ 47 *Abstrakte Götter*

Om

Om ist ein uralter mystischer Laut, der sich aus der Zusammensetzung der Vokale A und U sowie des Konsonanten M ergibt. So zeigt sich selbst in der religiösen Sphäre die Fähigkeit der Inder zum abstrakten Denken. A steht für die Entstehung, U für die Erhaltung und M für die Zerstörung. Dieser eine Laut umfasst das ganze Universum und geht allen Veden, Upaniṣaden und jedem religiösen Werk oder Ritus voran. Die Veden sind ohne Om, mit dem sie anfangen (*praṇavah chandasām iva* – Kalidasa in »Raghuvamsa«), nicht vorstellbar.

In seinen Yōgasutras, dem wissenschaftlichen Werk über die Welt, Gott, den Menschen und sein Lebensziel, nennt Patanjali Om das Zeichen für Gott (I, 27). Die Hindu-Religion ist ohne dieses Zeichen undenkbar.

A, U und M in Om sollen zugleich auch den Schöpfer Brahma, den Erhalter Viṣṇu und den Zerstörer Śiva verkörpern.

Sūrya

Sūrya, der Sonnengott, spielt eine Schlüsselrolle im Hinduismus (siehe auch § 14 und auch § Kap. X). In seiner Darstellung steht er meist aufrecht auf einem Wagen, der von sieben Pferden gezogen wird, und hält in seinen beiden Händen jeweils eine Lotusblüte. Einst war in Indien die Verehrung der anthropomorphischen Darstellung der Sonne weit verbreitet. In Mittelalter wurde sein Platz von anderen Göttern übernommen, so etwa in Rajasthan von Kali oder Durga. Der berühmteste und größte Tempel von Sūrya befindet sich in Konarak (Bundesstaat Orissa). Seit dem Mittelalter wird er nicht mehr als wichtiger Gott in Tempeln verehrt, und es wurde ihm auch kein ganzer Tempel mehr geweiht. Heute stellt er in der Tempelarchitektur einen der neun Planeten dar, die in einem Kreis neben dem Haupttempel dargestellt werden. Hier nimmt die Sonne, die aus astrologischen Gründen von Gläubigen verehrt wird, den ersten Platz ein. So vereinigt der Sonnengott abstrakte Eigenschaften – wie das Leben spenden, Erzeugung der Jahreszeiten, Jahre, Monate und Tage, d. h. der Zeit – mit den astronomischen Eigenschaften eines Himmelkörpers und bleibt überwiegend ein abstrakter Gott.

§ 48 *Anthropomorphische Götter*

Brahma

Brahma, nicht zu verwechseln mit dem Brahman, dem universellen Bewusstsein der Advaitavedānta, ist der erste innerhalb der Hindu-Trinität und erschafft die Welt nach den Gesetzen, die in den Veden genannt sind. Er wird meistens mit vier Köpfen und vier Armen und auf dem Lotus sitzend, der aus dem Nabel von Viṣṇu hervorwächst, auf Tempeltüren dargestellt. Seine gesamte Darstellung ist symbolisch zu deuten. Weil auf Brahma ein Fluch liegt, wird er in Tempeln nicht verehrt. Trotzdem gibt es heute in Indien insgesamt 21 Tempel, die ihm geweiht sind (Sūryanarayana, S. 663). Seinen berühmtesten Tempel kann man in Rajasthan in Puskar besichtigen (vgl. § 14).

Viṣṇu

Viṣṇu, der Erhalter der Schöpfung, ist ein populärer Gott, mit dem bzw. mit dessen Inkarnationen sich die Epen und

Mythen (Purāṇas) beschäftigen. In seiner Urform wird er blauhäutig und vierarmig sowie entweder auf einem Schlangenbett ruhend oder stehend dargestellt. Manchmal kann die Verehrung der Inkarnation Viṣṇus wie Rāma, Kṛṣṇa oder Narasimha für die Gläubigen wichtiger sein, als ihn in seiner ursprünglichen Form zu verehren. Die wichtigsten Pilgerorte mit seinen Tempeln sind: Puri in Orissa, Dvaraka in Gujarat, Mathura, Brindavan, Badri und Haridvar in Uttar Pradesh, Tirupati in Andhra Pradesh und Srirangam in Tamilnadu. Aber es gibt viele andere Tempel, die Viṣṇu, Rāma oder Kṛṣṇa gewidmet sind; jede Stadt hat mehrere und fast jedes Dorf mindestens einen.

Hanumān

Hanumān, der Affengott, ist der größte Verehrer von Rāma und seiner Frau Sita. Als der zehnköpfige Dämon Rāvaṇa Sita entführte und Rāma hilflos im Urwald nach ihr suchte, lernte ihn Hanumān kennen und fand im Auftrag von Rāma den Ort heraus, wo der Dämon Sita versteckt hatte. Seitdem war Hanumān zum treuesten Diener Sitas und Rāmas geworden und half Rāma im Krieg gegen den Dämon Rāvaṇa. So stellt Hanumān das musterhafte Beispiel eines Bhaktas dar. Er ist ein ewiger Junggeselle und symbolisiert den Sieg des Geistes über die Triebe und Gelüste, was durch seinen Beinamen Kumārabrahmacāri ausgedrückt wird. Er gilt als der Yōga-Experte schlechthin mit allen übersinnlichen Kräften, Siddhis, und trägt daher den Beinamen Yogin.

Wie der Sonnengott heilt Hanumān jede Krankheit und schenkt seinen Verehrern Gesundheit (*sarvarōgaharah*). Er beseitigt die ungünstigen Einflüsse negativer Planeten auf die Menschen und ihre Schicksale (*sarvagrahavin-*

aśin), vor allem den ungünstigen Einfluss des Planeten Saturn.

Der Affengott Hanumān wird meistens kniend oder einfach stehend dargestellt. Sein Mund ist geschwollen und rot gemalt, was an eine Geschichte aus seiner Kindheit erinnern soll: Schon als Kind konnte Hanumān sehr weit fliegen; als er einmal die Sonne sah, dachte er, sie sei eine Frucht, flog auf sie zu und versuchte sie anzubeißen, wobei er sich den Mund verbrannte. In einer Hand trägt er eine Keule und in der anderen einen Berg mit Heilkräutern. In Indien sieht man seine Tempel überall.

Śiva

Śiva, der Zerstörer des Universums, ist genauso populär wie Viṣṇu; seine Pilgerorte sind vielleicht noch bekannter. Wie bereits erwähnt wird Śiva in seiner Linga-Form, nicht in seiner anthropomorphischen Form verehrt. Zwölf dieser Lingas gelten als die wichtigsten; sie heißen Licht-Lingas (*jyōtirlingas*) und befinden sich an zwölf berühmten Pilgerorten: 1. Somnath in Gujarat, 2. Śriśailam in Andhra Pradesh, 3. Ujjaini in Madhya Pradesh, 4. Omkar in Madhya Pradesh, 5. Vaidyanath in Bihar, 6. Bhimashankar in Maharashtra, 7. Rameshwaram in Tamilnadu, 8. Nageshwara in Gujarat, 9. Varanasi in Uttar Pradesh, 10. Tryambak in Maharashtra, 11. Kedareshwar in Uttar Pradesh und 12. Ghushneshwar in Maharashtra.

Śiva trägt verschiedene Namen an verschiedenen Orten, die an seine besonderen Eigenschaften oder Taten erinnern. So heißt Śiva in Śriśailam Mallikharjuna und in Varanasi Visvesvara. Im Übrigen gibt es keinen Śiva- oder Viṣṇu-Tempel ohne einen Tempel für ihre Gemahlinnen auf demselben Gelände.

Eine herausragende Art der anthropomorphischen Darstellung Śivas heißt Arthanarisvara, ›der Herr, der zu einer Hälfte eine Frau ist‹. In diesen Darstellungen, von denen die meisten Statuen sind, wird Śiva zur einen Hälfte als Mann und zur anderen Hälfte als Frau abgebildet. Die männliche Hälfte zeigt die harten Züge von Śiva – seine Muskeln und den Dreizack, die Trommel, die Kobra um den Hals. Die weibliche Seite stellt Pārvati mit ihren zarten Zügen dar – ihre breite Hüfte, die schmale Taille, ihre Brust und ihren Schmuck.

In diesem Zusammenhang sollte beachtet werden, dass nicht jeder Gläubige, der Viṣṇu verehrt, ein *vaisnava* ist, und nicht jeder, der Śiva verehrt, ein *saiva* ist. Es ist wahr, dass einige Hindu-Familien traditionell ausschließlich Viṣṇu-Anhänger sind und Vaiṣṇavas genannt werden. Und einige Hindu-Familien, die ausschließlich Śiva verehren, heißen Śaivas. Und es ist weder das ›Bad mit heiligem Wasser‹ ein besonderes Merkmal des Śaivismus, noch sind die Dekoration mit Blumen und Lichtern und das Bestreichen von Statuen mit Sandalpaste besondere Merkmale des Vaiṣṇavismus, wie es fälschlicherweise berichtet wird (Keilhauer, S. 186). Richtig ist, dass die Mehrzahl der Hindus sowohl Viṣṇu als auch Śiva verehrt und dass jeder Gläubige einen Iṣṭadevata, Lieblingsgott, hat: Das kann Śiva, Viṣṇu, Pārvati, Lakṣmi oder Hanumān sein.

Sarasvati

Brahmas Ehefrau Sarasvati wird meistens vierarmig dargestellt; sie ist weiß bekleidet und sitzt auf einem weißen Lotus in einem Teich (*saras*). In einer Hand hält sie einen Rosenkranz, in einer anderen ein Palmblätterbuch und mit einer dritten hält sie *vīṇa*, ein Seiteninstrument. Ihr

Reittier ist der Schwan. Sarasvati gilt als die Göttin der Gelehrsamkeit, der Künste und der Dichtung.

Die religiöse Literatur berichtet von einem berühmten Tempel Sarasvatis in Kashmir, der heute jedoch nicht mehr existiert. Ansonsten sind die berühmten Tempel Sarasvatis an folgenden Orten zu sehen: In Sringeri (in dem Bundesstaat Karnataka), Surat (Gujarat), Puṣkar (Rajasthan), Kuttanur (Tamilnadu), Pumdottam (Tamilnadu) und Pilani (Rajathan).

Lakṣmi

Lakṣmi ist die Gemahlin von Viṣṇu und die Göttin des Wohlstands und der Reichtümer. Der Mythologie zufolge entstand sie im Milchozean, als ihn die Götter und die Dämonen quirlten. Sie wird von vielen Gläubigen verehrt, und in populären Darstellungen sitzt oder steht sie auf einem Lotus und hat vier oder nur zwei Arme. In der vierarmigen Fassung hält sie in zwei Händen Lotusblüten, während aus einer anderen Hand Goldmünzen herabströmen. In dieser Darstellung ist sie Dhanalakṣmi (*dhana* = Geld). Manchmal wird sie von zwei Elefanten flankiert; dann heißt sie Gajalakṣmi (Gaja = Elefant).

Pārvati

Pārvati, die Gemahlin von Śiva, gilt als Śakti oder als die Urkraft, also die größte Kraft, die es gibt. Zwar ist sie in ihrer üblichen Darstellung Śivas Ehefrau, doch erscheint sie in verschiedenen Formen, je nachdem, welchen Wunsch der Götter sie erfüllen oder welchen Dämon sie töten muss. So ist sie Kali, Durga, Tripurasundari, Bagalamukhi oder Tara. Ihr Reittier ist der Löwe. Es gibt achtzehn Orte, wo sie in ihren achtzehn Formen verehrt wird. Sie heißt in Kanchi (Bundesstaat Tamilnadu) Kamaksi, wovon die schlichte Übersetzung ›die Sexy-Äugige‹ bedeutet. Auf einem Berg in der Nähe von Mysore (Karnataka) heißt sie Camunda und Jogulamba in der Stadt Alampur (Andhra Pradesh). In Śriśailam (Andhra Pradesh) heißt sie Bhramaramba. In Kolhapur (Maharashtra) Mahalakṣmi, in Mahor (Maharasthra) Reṇuka, in Ujjayini Mahākāli, in Vaitarini (Bundesstaat Orissa) Girija, in Daksaramam (Andhra Pradesh) Manikyamba, in der Nähe von Gauhati (Assam) Kamakhya, in Prayaga (Uttar Pradesh) Madhavesvari, in Kashmir *Vaisnavi Devi*, in Gaya (Bihar) Mangala Gauri, in Varanasi (Uttar Pradesh) Viśālākṣi, in Kashmir noch 107-mal Sarasvati. Die Orte der drei weiteren Erscheinungen sind nicht mehr identifizierbar, da mehrere Orte zugleich sie in Anspruch nehmen.

Obwohl Brahma und Viṣṇu verheiratet sind, haben nur Śiva und Pārvati Kinder; sie sind wiederum Götter und haben viele Verehrer.

Gaṇeśa

Gaṇeśa, der Elefantengott, ist der erste Sohn von Śiva und Pārvati. Gaṇeśas Geburt weist auf eine Art unbefleckte Empfängnis hin. Eines Morgens massierte Pārvati ihren Körper mit Öl und rieb sich die Haut mit Kichererbsenmehl ein, wie es in Indien üblich ist, um sich vor dem Bad vom Fett zu reinigen. Aus dem schmutzigen Mehl modellierte sie zum Spaß eine Knabenfigur und hauchte ihr Leben ein. So bekam sie ihren ersten Sohn Gaṇeśa. Sie gab ihm die Anweisung, sich vor die Tür zu stellen und niemanden hereinzulassen, solange sie sich wasche. Gaṇeśa verweigerte auch Śiva den Zutritt, als er versuchte, zu Pārvati zu gehen. Śiva, der von der Geburt seines Sohnes nichts wusste, wurde böse, schlug mit dem Dreizack dem Knaben den Kopf ab und ging hinein zu Pārvati. Pārvati wurde sehr traurig, als sie die

Todesnachricht von ihrem Sohn erfuhr. Der barmherzige Śiva schickte seine *gaṇas*, Diener, mit der Anweisung weg, den Kopf von irgendeiner Kreatur herbeizubringen, die mit ihrem Kopf nach Norden schlief. Die Diener brachten den Kopf eines Elefanten mit. Śiva fügte diesen Kopf zu Gaṇeśas Körper und erweckte ihn zum Leben. Daher hat Gaṇeśa einen Elefantenkopf, und niemand in Indien wagt seitdem, mit dem Kopf nach Norden zu schlafen.

In fast jedem Śiva- oder Pārvati-Tempel gibt es einen Schrein für Gaṇeśa, dessen Aufgabe es ist, alle Hindernisse zu beseitigen. Daher beten ihn Hindus unweigerlich dann an, wenn sie im Begriff sind, irgendetwas anzufangen, sei es, dass sie den Grundstein für den Bau eines neuen Hauses legen, eine neue Wohnung beziehen oder etwas anderes tun. Selbst wenn sie einen Gott oder eine Göttin rituell verehren möchten, beten sie am Anfang zu Gaṇeśa. Erst danach wird die Verehrung der individuell erwählten Gottheit begonnen. Daher trägt Gaṇeśa den Beinamen Agrapujyah, der Erstverehrte.

Pārvati verwöhnte ihren ersten Sohn so sehr, dass er viel aß und gefräßig und dick wurde. Er wird immer mit einem großen Bauch dargestellt, der von einer Kobra umgürtet ist. Die Kobra sorgt dafür, dass der Bauch, der Unmengen von Essen beherbergt, nicht platzt; nach dem Volksglauben sind Kobras heilige Tiere und verkörpern Subrahmanya. In einer Hand hält Gaṇeśa einen Teller voller Süßigkeiten, die sein Rüssel sanft ergreift. Einer seiner Stoßzähne ist abgebrochen. Der Legende nach brach Gaṇeśa diesen Stoßzahn ab, um damit das Epos Mahābhārata niederzuschreiben, das ihm der heilige Vyasa diktierte. Hiermit wäre Gaṇeśa also Indiens erster Stenograf. Das Reittier dieses dicken Gottes ist eine Maus; sie wird bei der Darstellung Śivas immer mit abgebildet.

Subrahmanya

Subrahmanya ist der zweite Sohn von Pārvati, der auch unter den Namen Kartikeya, Kumāra, Ṣaṇmukha und Murugan bekannt ist. Dem Mythos nach waren die Götter ohne Kriegsführer, als Śiva in Meditation versank und die Welt vergaß. Die Götter brauchten jemanden, der den Dämon Tarika töten sollte. So baten sie den Liebesgott Manmaṭha um Hilfe, der mit seiner Frau Rati (was übersetzt ›Liebesgenuss‹ bedeutet) und seinem Freund Frühling zu Śiva ging und versuchte, in ihm mit seinen Pfeilen Liebesleiden zu erwecken. Der verärgerte Śiva verwandelte jedoch den Liebesgott mit einem Blick seines dritten Auges zu Asche (seitdem trägt der Liebesgott den Beinamen Ananga, ›der Körperlose‹). Danach kam der Feuergott Agni in Form einer Taube, und Śiva schenkte ihm seinen Samen. Dessen Hitze konnte der Feuergott aber nicht aushalten, weshalb er ihn am Ufer des Flusses Ganga (Ganges, die zweite Gemahlin von Śiva) absetzte. So wurde Śivas zweiter Sohn Subrahmanya an einem Fluss geboren, und so sind Śiva, Agni, Pārvati und Ganges die Eltern von Subrahmanya, obwohl populärerweise nur Śiva und Pārvati die Elternschaft zugeschrieben wird.

Subrahmanya ist ein Kriegsgott, und er führte als General der Götter den Krieg gegen die Dämonen. Er reitet auf einem Pfau und trägt einen Speer als Waffe. Manchmal wird er mit einem Bogen dargestellt. Er hat sechs Gesichter, weshalb er auch Ṣaṇmukha genannt wird. Nach seiner Geburt am Ganges lag er mutterlos am Ufer. Sechs Sterne, die Kṛttikas, stiegen vom Himmel herab und versuchten, ihn gleichzeitig zu stillen. Da Subrahmanya keinen von ihnen enttäuschen wollte, wuchsen ihm sechs Gesichter, und er saugte an dem Busen aller sechs Sterne.

In Südindien gibt es viele Tempel, die Subrahmanya geweiht sind.

Dattatreya

Anasuya, die Gattin des heiligen Atri, war sehr treu und diente ihrem Mann liebevoll. Wie alle treuen Ehefrauen erlangte auch Anasuya übersinnliche Kräfte und wurde von der ganzen Welt verehrt. Als der heilige Narada den drei Göttinnen Sarasvati, Lakṣmi und Pārvati von ihren Tugenden erzählte, wurden sie neidisch und baten ihre Ehemänner, zum Ashram von Atri zu gehen und seine Frau Anasuya zu verführen. Auf diese Weise sollte Anasuya ihrem Ehemann untreu werden, wodurch sie ihre übersinnlichen Kräfte verlieren würde.

Brahma, Viṣṇu und Śiva gingen, als der Heilige nicht zu Hause war, inkognito zu Atris Ashram und baten Anasuya um Essen. Da es zu den Pflichten der Eheleute gehörte, den Gästen Essen zu geben, lud Anasuya die Männer ein und bat sie, Platz zu nehmen. Bevor die Männer sich setzten, stellten sie eine Bedingung. Anasuya solle das Essen nackt servieren, sonst würden sie leeren Magens den Haushalt verlassen. So geriet Anasuya in einen moralischen Konflikt: Die Gäste hungrig fortzuschicken wäre bestimmt nicht im Sinne ihres Ehemannes gewesen. Aber nackt vor fremden Männern aufzutreten war unmoralisch und verletzte ihre Treue zu Atri.

So ging sie zum Altar im Gebetszimmer, auf dem die Sandalen ihres Mannes lagen, und bat sie um eine Lösung des Problems. Während des Gebets dachte sie sich Folgendes: »Die fremden Männer sind keine üblichen Gäste. Absichtlich haben sie mich in einen moralischen Konflikt gebracht. Ich bin eine treue Frau und brauche keine Angst zu haben. Da diese Gäste mich um Essen gebeten haben, sind sie wie meine Kinder.«

Bei diesen Gedanken zog sich Anasuya aus und ging in das Esszimmer, wo Brahma, Viṣṇu und Śiva auf sie warte ten. Mittels Anasuyas yōgischer Kraft wurden der Schöpfer, der Erhalter und der Zerstörer des Universums in Säuglinge verwandelt, und sie stillte sie an ihrer Brust und legte die drei schlafen.

Als Atri nach seiner Meditation nach Hause kam, erfuhr er die Geschichte von seiner Frau, erkannte die wahre Identität der drei Säuglinge und lobte Anasuya für ihre Weisheit. Die Säuglinge wurden wach und erschienen dem Ehepaar glücklich in ihrer ursprünglichen Form. Aus großer Zufriedenheit wollten sie Anasuya einen Wunsch gewähren, und Anasuya wünschte sich, dass die drei als ihre Kinder geboren würden. So inkarnierte sich die Trinität in Anasuyas Mutterleib. Diese Inkarnation heißt Dattatreya. Das Wort *datta* bedeutet ›gegeben‹, d. h., die Trinität hat sich Anasuya gegeben. Atreya hingegen bedeutet ›der dem Atri Geborene‹.

Dattatreya ist meistens mit drei Gesichtern dargestellt, die Trinität symbolisierend. In seinen sechs Armen trägt er alle ihre Attribute – Dreizack, Diskus, Muschel, Sanduhrtrommel usw. Er sitzt auf einem Tigerfell in Meditationshaltung oder mit der Gestik des Lehrens. Neben ihm stehen immer eine Kuh, die alle Götter des Hinduismus vertritt, und vier Hunde, wodurch signalisiert wird, dass ihn die vier Veden stets treu wie Hunde begleiten.

Dattatreya ist der Guru oder Lehrmeister. Obwohl er auch weltliche Wünsche erfüllt, wird er von seinen Anhängern überwiegend wegen spiritueller Wünsche und wegen seiner Philosophie verehrt. Immer wieder inkarniert er sich, um das Wissen zu verkünden. In unserem Zeitalter Kaliyuga, hat er sich bereits fünfmal inkarniert, und zwar in folgenden Gestalten: 1. Sri Pada Vallbha, 2. Nrsimha Sarasvati, 3. Manik Prabhu, 4. Swami Samartha und 5. Shirdi Sai Baba.

Ayyappa

Ayyappa ist eine berühmte Gottheit in Südindien, die in letzter Zeit auch in den anderen Teilen Indiens ihre Verehrer findet. Ayyappa wurde als Sohn von Śiva und Viṣṇu geboren, als Viṣṇu sich in die betörende Mōhini verwandelte, um bei der mythischen Verteilung des Nektars die Dämonen auszutricksen und den Göttern den ganzen Nektar einzuschenken.

Es gibt einen berühmten, ihm gewidmeten Tempel in den Bergen von Kerala in Sabarimalai. Man begegnet dort seinen Gläubigen, die das Gelübde ablegen, eine Pilgerfahrt zu seinem Tempel zu vollziehen, und die dadurch ein strenges Regelsystem auf sich nehmen: 41 Tage lang essen sie nur einmal am Tag; sie schlafen auf dem nackten Boden, laufen barfuß, üben Enthaltsamkeit usw. Nach dem Besuch des Tempels dürfen sie wieder in ihr normales Leben zurückkehren. Man erkennt seine Anhänger an ihren schwarzen Kleidern. Frauen ist der Zutritt zum Tempel in Sabarimalai verboten.

Da Ayyappa ein Sohn von Viṣṇu, dem Erhalter des Universums, und auch ein Sohn von Śiva, dem Zerstörer, ist, gilt er als der Gott der ›konstruktiven Destruktion‹. Er ist der Behüter der Schwachen, schützt sie vor Krankheiten und Miseren dieser Welt und schenkt ihnen Weisheit, die sie zur Spiritualität führt.

§ 49 *Die göttlichen Tiere*

Tiere genießen eine Sonderstellung im Hinduismus. Anders als im Christentum besitzen sie hier eine Seele und sind wie die Menschen dem Karma-Gesetz und dem Kreis der Wiedergeburten unterworfen. Einige Tiere werden wie die Götter verehrt, und einige werden hoch geachtet, da sie mit einer bestimmten Gottheit verbunden sind.

Der Stier, Nandi

Tiere wurden bereits, wie gesehen, in der Industal-Zivilisation verehrt, wo der Stier ein wichtiges Objekt der Verehrung war. In der darauf folgenden Epoche wurde der Stier durch die Kuh ersetzt, verlor aber trotzdem nicht ganz an Bedeutung. Er wurde zum Reittier von Śiva und spielt eine wichtige Rolle in der Mythologie und im religiösen Leben der Hindus.

Der Stier gilt als der König aller Vierbeiner. Vor fast jedem Śiva-Tempel gibt es einen Altar für den Stier, Nandi, der meistens sehr künstlerisch gemeißelt ist. Der Hinduismus schreibt den Gläubigen vor, erst den Nandi zu begrüßen, bevor sie in den Hauptteil des Tempels zu Śiva gehen. Die Begrüßung findet auf intime Art und Weise statt. Der Gläubige soll Daumen und Zeigefinger der rechten Hand auf die Hörner der Nandi-Statue legen, mit der linken Hand seine Hoden berühren und dabei durch die Hörner hindurch in die Zella auf das Śivalinga blicken. Dieser Blick gewährt dem Gläubigen einen sicheren Zutritt ins Kailasa, den Śiva-Himmel.

Der Adler, Garuḍa

Denselben Status wie der Nandi genießt auch der Adler, Garuḍa, der im Zusammenhang mit Viṣṇu steht. Als sein Vehikel genießt er hohes Ansehen im Hinduismus, und er hat einen eigenen Schrein vor jedem Viṣṇu-Tempel, wo er verehrt wird. Er wird als ein Halbmensch und Halbvogel mit menschlichem Gesicht und Körper dargestellt. Sein scharf geschnittenes Gesicht jedoch trägt einen Spitzschnabel, und seinem Körper entwachsen zwei Riesenflügel.

Kobras

Auf dem Gelände der Tempel von Śiva und Subrahmanya leben Kobras in Ameisenhaufen. Sie gelten als sehr heilig und kraftvoll und sind nach dem Volksglauben die Verkörperung von Śivas Sohn, Subrahmanya. Frauen, die ihren Männern ein langes Leben wünschen, oder Mädchen, die verheiratet werden möchten, stellen Milch vor den Ameisenhaufen; die Kobras kriechen aus ihrem Versteck heraus und verzehren die Milch. Kobras – bzw. Subrahmanya – werden überdies auch für die Heilung von Ohrenkrankheiten um Hilfe gebeten und verehrt.

Die heilige Kuh

Die Kuh ist die heiligste Tiergottheit der Hindus. Sie wird nicht aus den üblichen Gründen verehrt, zum Beispiel weil sie ein Reittier einer Gottheit oder ihr Diener wäre, im Gegenteil: Sie ist der Sitz aller Götter.

Das ist bereits an ihrem Ursprung zu erkennen. Die mythische Kuh, Kāmadhenu (›Wünsche erfüllende Kuh‹), die bei der Quirlung des Ozeans am Anfang der Schöpfung unter anderem mit dem weißen Elefanten, mit Nektar und mit Lakṣmi aus dem Ozean aufstieg, ist ein besonderes Tier, das den Rufnamen Gōmāta, ›Kuhmutter‹, genießt.

Jeder Teil ihres Körpers ist von einer bestimmten Gottheit belegt. So sitzt Śiva in ihrem Gesicht, Gaṇeśa an dem linken Nasenloch und sein Bruder Subrahmanya am rechten, Indra und Yama in beiden Hörnern, die Aswinis (vedische Götter) in beiden Ohren und die Sonne und der Mond in den Augen. In ihrem linken Schenkel befindet sich der Affengott und in dem rechten Bhairava, eine Furcht erregende Erscheinung von Śiva; in der Halsgegend steht Viṣṇu und über ihm, im Buckel, Brahma, unter ihm sitzt seine Gemahlin Sarasvati und spielt ihr Musikinstrument Vīṇa. In der Gegend des Rückens befinden sich weitere Götter wie Agni, Varuṇa, Kubera. Im hinteren Teil der Kuh befindet sich die heilige Flussgöttin Ganges und neben ihr viele Heilige wie zum Beispiel Vaśiṣṭha und Viśvāmitra. In ihren Hufen sind alle heiligen Berge vertreten. Kurz: In der Kuh sind alle Gottheiten zu finden.

Andere Tiere

Einige weitere Tiere gelten für die Hindus als heilig, selbst wenn sie nicht ausdrücklich verehrt werden. Ein PAPAGEI ist der Reitvogel des Liebesgottes Manmaṭha und symbolisiert *kāma*, die Liebeslust. Auf einem RABEN reitet der Planet Saturn; er verkörpert die Ahnen. Der HUND ist das Reittier von Bhairava, einer Furcht erregenden Erscheinung von Śiva. Durga reitet auf dem TIGER und Pārvati üblicherweise auf einem LÖWEN. Agni, der Feuergott, reitet auf einem SCHAFSBOCK und Yama, der Todesgott, auf einem BÜFFEL. Varuṇa, der Gott der westlichen Himmelsrichtung, reitet auf einem KROKODIL, das zugleich den Fluss Ganges symbolisiert. Die SCHILDKRÖTE ist nicht nur heilig, weil sich Viṣṇu als dieses Reptil inkarnierte, sondern auch, weil es den heiligen Fluss Jamuna symbolisiert.

Die Hindu-Mythologie wimmelt von solchen Gründen, warum ein Tier heilig sein soll. Das verleiht dieser Religion eine naive, aber humane Seite.

Ein Hindu tötet ungern einen SKORPION oder einen TAUSENDFÜSSLER. Der Skorpion symbolisiert Lakṣmi, die Göttin der Reichtümer. Niemand mag sie beleidigen. Und der Tausendfüßler verkörpert Sarasvati, die Göttin der Gelehrsamkeit. Zwar gilt Gelehrsamkeit als nicht so wichtig wie Reichtum, doch wenn es nicht allzu anstrengend ist, möchte jeder Hindu als gelehrsam gelten; also lässt man den Tausendfüßler davonlaufen.

§ 50 *Die göttlichen Pflanzen*

Pflanzenverehrung, die schon in der Industal-Zivilisation vorkommt, ist ein wichtiger Charakterzug des Hinduismus. Während die zehn Gebote des Christentums auf einem Berg übergeben wurden, erlangten die Inder ihre göttliche Weisheit in den Wäldern, unter Bäumen. Man denke an die Erleuchtung des Buddha unter dem Fikusbaum oder die Darstellungen von Dakṣiṇāmūrti, einer Erscheinung von Śiva als Lehrmeister, der mit seinen Schülern unter einem Baum sitzt. Wegen des Parijata-Baumes führte Kṛṣṇa einen Krieg gegen den Götterkönig Indra (es gelang ihm, den Baum für seine Gemahlin zu erringen).

Kalpavṛkṣa

Kalpavṛkṣa, der Wunschbaum, ist eines der Produkte, die entstanden, als die Götter und die Dämonen zusammen den Ozean quirlten. Er erfüllt jeden Wunsch der Gläubigen. Dieser Baum ist zu einem Gleichnis für andere Heil- oder heilige Bäume geworden, ist also nicht real identifizierbar.

Es gibt jedoch einige wichtige Pflanzen, die, gleich den Göttern, meistens an Flussufern oder im Garten der Tempel verehrt werden.

Der Pipal-Baum

Pipal, *ficus religiosa*, ist sehr kraftvoll und gilt als der heiligste Baum – sogar der Buddhismus bringt ihn mit seinem Stifter in Verbindung. Seine Stellung unter den Pflanzen ist mit jener der Kuh unter den Tieren vergleichbar.

Worin liegt die Bedeutung dieses Baumes, den die heiligen Schriften Asvatthavrksa nennen? In diesem Baum wohnen alle Götter. Er hat, insgesamt gesehen, die Gestalt von Viṣṇu; im Einzelnen sind seine Wurzeln Brahma, sein Stamm Viṣṇu und seine Krone Śiva. Diesen Baum zu verehren kommt daher der Verehrung der Trinität gleich.

Gleichzeitig sind diese drei Götter in seinen südlichen, nördlichen und westlichen Ästen vorhanden, während in seinen östlichen Ästen Indra und andere Götter anwesend sind. Alle Heiligen, alle Brahmanen und die vier Veden wohnen in seinen Wurzeln. Die sieben Ozeane und alle heiligen Flüsse sind ebenfalls in seinen östlichen Ästen vorhanden. Der Aswattha-Baum verkörpert den heiligen Laut Om – in seinen Wurzeln wohnt der Laut A, im Baum U und in seinen Früchten M.

»Wer vermag die Kräfte dieses Baumes zu beschreiben? Er ist wahrlich der Kalpavṛkṣa« (Bharadwaja, S. 149–150). In »Gurucarita« beschreibt Nrsimhasarasvati seinen Anhängern genau, in welchen Monaten und wie dieser Baum zu verehren ist. Wenn man ihn nach genauen Regeln anbetet und mit dem Absingen der richtigen Mantras rituelle Umgänge um ihn vollführt, werden alle Puruṣarthas (siehe § 59) erfüllt: Kinderlose Frauen, die diese Umgänge mit ganzer Konzentration vollziehen, werden Kinder bekommen; berührt man ihn am Samstag, so verliert man die Angst vor dem Tod; und wenn jemand sich an einem Donnerstag, der auf einen Neumondtag fällt, unter diesem Baum wäscht, werden alle seine Sünden beseitigt.

Der Banyan-Baum

Der Banyan-Baum, *ficus indica*, wächst genauso hoch und ist genauso stämmig, rund, schattig und schön wie der Pipal-Baum. Er ist auch als Vatavṛkṣa und Udumbara bekannt. Von seinen Ästen wachsen Luftwurzeln herab und bohren sich in den Boden hinein; mit der Zeit werden sie stark wie Säulen und stützen den Baum, sodass er selbst bei einem Erdbeben nicht umfällt.

Die Blätter dieses Baumes haben eine entgiftende Wirkung. Als Narasimha, Viṣṇus Löweninkarnation, den Bauch des Dämons Hiraṇyakaśipu mit seinen Krallen aufriss und ihn tötete, wurden seine Hände von dem giftigen Blut des Dämons besudelt und seine Finger fingen an zu brennen. Daraufhin heilte ihn Lakṣmi mit den Blättern und Früchten dieses Baumes. Das machte den Herrn so glücklich, dass er dem Baum versprach, in ihm zu wohnen. Wer diesen Baum mit Hingabe verehrt, dem werden die Gifte aus seinem Körper entweichen; es verschwinden alle seine Sünden, und alle seine Wünsche werden erfüllt.

Der Banyan-Baum ist auch mit Dattatreya verbunden; er verweilt in seinem Schatten und meditiert. So hat jede Meditation, die unter ihm vollzogen wird, eine besondere Wirkung.

Tulasi

Pipal- und Banyan-Bäume werden meistens in Tempeln oder am Flussufer verehrt, jedoch selten zu Hause. Tulasi dagegen ist eine Pflanze, die sowohl zu Hause als auch in Tempeln verehrt wird. Ein Hindu-Haushalt ohne Tulasi-Pflanze verliert den Anspruch, als solcher zu gelten.

Dabei ist die Tulasi eine unprätenziöse Pflanze, kein Riesenbaum wie die anderen beiden, mit einem Stamm, der nicht dicker als der kleine Finger ist und unter günstigsten Umständen zwei bis drei Meter hoch wächst. Sie gehört zur Familie des Basilikum und wird von der Ayurveda-Medizin in Anspruch genommen.

Tulasi war eine große Anhängerin von Viṣṇu und wollte seine Frau werden, weswegen sie Lakṣmis Zorn zum Opfer fiel, die sie in diese Pflanze verwandeln ließ. Viṣṇu aber liebte sie, weshalb diese seine Lieblingspflanze geworden ist.

Bei der höchsten Verehrungsform von Viṣṇu und Kṛṣṇa werden ihre Blätter benützt. In den künstlerischen Darstellungen tragen beide eine Girlande aus Tulasi-Blättern. Es gehört zu den täglichen Ritualen des Hindu, diese Pflanze morgens zu verehren.

Überdies ist die Tulasi für die Vaiṣṇavas eine besondere Pflanze. Die Perlen ihrer Rosenkränze werden aus ihrem Stamm geschnitzt.

§ 51 *Flüsse und Berge als Gottheiten*

Mit Tieren und Pflanzen ist der Reichtum der potenziellen Götter des Hinduismus noch nicht erschöpft. Auch Flüsse und Berge genießen den Status der Göttlichkeit.

Der Ganges ist der heiligste Fluss der Hindus, aber auch seine Nebenflüsse wie Jamuna sind heilig. Ein Bad im Ganges sorgt für die Reinigung der Sünden, die das Individuum über viele Geburten hinweg angesammelt hat. Ein Ahnenritual, vollzogen am Ufer eines heiligen Flusses, befreit die Ahnen am schnellsten aus dem Zyklus der Wiedergeburten.

Ursprünglich war der Indus der heilige Fluss, aber der Ganges hat ihn mit der Zeit überholt. Trotzdem gelten die anderen Flüsse des Subkontinents wie Brahmaputra, Narmada, Mahanadi, Godavari, Krishna, Tungabhadra und andere ebenfalls als heilige Flüsse. Nach der orthodoxen Auffassung fließt derselbe Ganges in allen Flüssen. Am besten badet man jeden Tag im heiligen Fluss, bevor man mit den täglichen Ritualen anfängt. Wenn es nicht möglich ist, wäscht man sich zu Hause; dabei betet man zu Gott, dass das Wasser in dem Eimer in das Wasser aller heiligen Flüsse verwandelt werden möge.

Die heiligen Schriften weisen auf einen interessanten Aspekt – die geografischen Kenntnisse des Subkontinents – hin. Immer wieder wird der Tempel des Schnees, der Himalaya, erwähnt, wo sich der Berg Kailash befindet, der Wohnort von Śiva und seiner Gemahlin, der sehr heilig ist. Viele Pilgerorte befinden sich in diesen heiligen Bergen, wohin seit Jahrtausenden die Reisen führen.

Aber auch im Inneren des Landes gibt es noch einige Berge, die verehrt werden. Aruṇācala ist so ein Berg, der wegen des heiligen Ramana Maharshi weltberühmt geworden ist. Ramana Maharshi, obwohl ein Jñāna-Yogi, schrieb viele Preisungen in Versform auf diesen Berg. Ähnlich ist es mit dem Simahcalam in Andhra Pradesh, auf dem sich ein berühmter Viṣṇu-Tempel befindet. Auch die Tirumala-Berge in Andhra Pradesh sind sehr berühmt und werden von unzähligen Menschen verehrt, da sich auf ihnen der reichste Tempel der Welt, der Tempel von Venkateswara, einer Erscheinung von Viṣṇu, befindet. Bemerkenswert ist, dass die Namen dieser heiligen Flüsse und Berge für die Inder auch sehr beliebte Vornamen sind.

§ 52 *Das Spektrum der hinduistischen Götter*

Wie zu sehen war, besitzt der Hinduismus einen breit gefächerten Polytheismus. Von den Hindus werden männliche und weibliche Götter mit menschlichen Zügen verehrt. Sie verehren außerdem Tiere und Pflanzen, die mit der Religion sehr eng verwoben sind. Und schließlich sind für sie auch Flüsse und Berge verehrungswürdig.

Kapitel X
Das wichtigste Ritual der Hindus

Das Dämmerungsgebet als Mündung aller Strömungen des Hinduismus

Wie die bisherigen Kapitel zeigen, ist der Hinduismus keine Religion, die plötzlich zu einem bestimmten Zeitpunkt entstanden ist. Wie alt er ist, kann man nicht mit Genauigkeit feststellen. Nach heutigen Erkenntnissen liegen seine Wurzeln in der Industal-Zivilisation; seitdem wurde er durch verschiedene Epochen und Elemente neu geformt und bereichert, wie überhaupt jede Religion und jede Kultur in dieser Welt ja auch ein Produkt der Geschichte ist. Die Einzigartigkeit der Hindu-Religion liegt jedoch darin, dass sie zu keinem Zeitpunkt radikal mit der Vergangenheit gebrochen hat, eine Eigenschaft, die sie mit der indischen Geschichte gemeinsam hat.

Diese Besonderheit bezeichnen die Wissenschaftler als Assimilierung und Kontinuität. Die neuen Elemente, mit denen Indien im Verlauf seiner Geschichte konfrontiert wurde, wurden nicht abgelehnt, sondern assimiliert – aufgenommen und verdaut –, während die alten Strukturen, sei es in der Religion oder sei es in der Gesellschaft, fortgesetzt wurden. Daher bedeutete eine Konfrontation immer weder eine Entscheidung gegen das Neue noch eine Entscheidung gegen das Alte. Darin liegt die Vitalität und die Toleranz des Hinduismus und der indischen Gesellschaft.

Ein zentrales Ritual der orthodoxen Hindus zeigt im Folgenden, wie alle Elemente – die Industal-Zivilisation, der Vedismus, der Tantrismus, die Bhakti-Bewegung, der Śaivismus und der Vaisnavismus, Yōga, Astrologie, Geografie und die philosophischen Gedanken – heute noch zu erkennen sind und lebendig gehalten werden, wie sehr sie also nach wie vor den Hinduismus prägen.

§ 53 *Sandhyavandanam, die Dämmerungsbegrüßung*

Sandhya bezeichnet die Übergangszeit, d.h. zum einen den Zeitpunkt zwischen der Nacht und dem Morgen, die Morgendämmerung, und zum anderen den Zeitpunkt zwischen dem Tag und der Nacht, die Abenddämmerung. Zwischen diesen beiden gibt es ein weiteres Sandhya, dasjenige zwischen dem Vormittag und dem Nachmittag, also den Mittag. Dreimal am Tag vollziehen die orthodoxen Hindus dieses Ritual, Sandhyavandanam, das etwa dreißig bis vierzig Minuten in Anspruch nimmt. Da es jeden Tag vollzogen werden muss – der Gläubige hat keine Wahl –, heißt es *nitykarma*, eine ›tägliche Handlung‹. Erst nach diesem Ritus darf der Gläubige andere Rituale vollziehen, die bestimmten Zwecken dienen, so etwa Riten, um Erfolg, Geld, Schwangerschaft, Bezähmung der begehrten Frau oder des begehrten Mannes usw. zu erreichen.

Im Sandhyavandanam geht es überwiegend um die Meditation mit dem Gāyatrimantra – ›Es gibt kein wichtigeres Mantra als das Gāyatrimantra‹ (*na gayatrī paramō mantrah*). Dieses Mantra stammt aus dem Ṛgveda (Ṛgveda, Manḍala III, 62, 10). Man darf jedoch nicht einfach die Meditation mit diesem Mantra beginnen. Diese Meditation verlangt nach einer rituellen Vorbereitung und einer rituellen Nacharbeit, wobei verschiedene Götter, Ahnen und Heilige evoziert und befriedigt werden.

Im Sandhyavandanam geht es überwiegend um den Sonnengott, Savitr, dessen Mantra aus dem Ṛgveda stammt; und das Versmaß dieses Mantras heißt Gāyatri. Es ist außergewöhnlich und bemerkenswert, dass ein Versmaß zum Namen eines wichtigen Mantras geworden ist. Wenn man an das Gāyatrimantra denkt, denkt man nicht an das Versmaß – viele wissen nicht einmal, woher sich der Name ableitet –, sondern an den Sonnengott oder die gleichnamige Göttin Gāyatri. Es lässt sich nicht mit Sicherheit sagen, ob der Gegenstand der Meditation der Sonnengott oder die Göttin Gāyatri ist. Wie noch zu zeigen sein wird, haben sich hier zwei Strömungen – die vedische und die tantrische – vermischt.

Das Morgen-Sandhyavandanam muss kurz vor dem Sonnenaufgang abgehalten werden. Zu dieser Zeit hat sich der Gläubige bereits die Zähne geputzt, sich gewaschen und Blumen für die Götter gepflückt. Er setzt sich nun nieder mit einem Glas, gefüllt mit sauberem Wasser, sowie einem Löffel und einem Teller, die beide aus Kupfer oder Silber bestehen. Dem Osten zugewandt, nimmt er den Lotus- oder Schneidersitz ein und beginnt den Ritus, indem er sein Inneres und Äußeres mit einem Mantra reinigt. Dann feuchtet er seinen Mund dreimal mit ein wenig Wasser an, was *ācamana* genannt wird (im Sandhyavandanam wie auch in vielen anderen Riten wird immer wieder Ācamana vollzogen). Danach rezitiert er ein Mantra und sprengt Wasser in alle Richtungen, um die bösen Geister zu vertreiben (*bhūtōcchaṭana*). Dann macht er *prāṇāyāma*, die Atemübung, um das Nervensystem zu aktivieren. Auf Prāṇāyāma folgt *sankalpa*.

Das Sankalpa geht jedem Ritus voran und beinhaltet den Entschluss oder die Wunschvorstellung des Gläubigen, der den Ritus vornimmt. Im Sankalpa benennt der Gläubige den Zeitpunkt, zu dem er meditieren möchte, und ruft sich die hinduistische Zeitrechnung ins Gedächtnis zurück: »Ich, ... [es folgt der Name], halte das Morgen-Sandhyavandanam im Swetavarahakalpa, Vaivasvatamanvantara, Kaliyuga, Prathamapada ab [bezogen auf die Zählung in großen Zeitaltern; siehe § 56]. Ich befinde mich jetzt in Indien, südlich des Himalayas [die momentane geografische Stelle; sie wird mit weiteren Berggipfeln und Flüssen präzisiert]. Ich befinde mich südöstlich von dem Berg Śriśaila und zwischen den Flüssen Kṛṣṇa und Godavari, im eigenen Haus [bzw. Miethaus oder Tempel]. Ich meditiere in dem Jahr [zum Beispiel] Vikramanama Samvatsara.« Es folgt die Erklärung: *uttarāyaṇe* bzw. *dakṣināyane* [die Sonne befindet sich in der nördlichen Hemisphäre bzw. in der südlichen Hemisphäre] sowie die Angabe der Jahreszeit, des Monats (jeder Monat hat einen Sanskrit-Namen) und ob man sich in der zunehmenden Mondhälfte oder in der abnehmenden Mondhälfte (*caitra*) und in welcher Mondphase befindet (die bestimmte Mondphase, gezählt von dem Neumondtag bis zum Vollmondtag – das sind 15 Mondphasen – und wieder 15 Phasen zurück zum Neumond; jede Phase heißt *tithi*). Dann werden der Wochentag und der Name des Gläubigen, sein *gōtra*, und die Absicht, zu welchem Zweck er den Ritus vollzieht, erwähnt. Der Zweck ist im Normalfall das Verschwinden des Bösen, das der Gläubige zu diesem Zeitpunkt angesammelt hat.

Nach dem Sankalpa beginnt der eigentliche Ritus, an dessen Beginn *mārjanam* steht.

Mārjanam ist die Reinigung des Gläubigen. Sie geschieht dadurch, dass der Gläubige vedische Mantras rezitiert und dabei Wasser auf seinen Kopf und seine Körperglieder sprengt. Diese Mantras sind ein Lobgesang auf das Wasser. Mit einem weiteren vedischen Mantra werden alle Sünden, die man in der Nacht oder am Tag, mit dem Geist, mit Worten, Händen, Füßen, mit dem Bauch oder mit dem Geschlechtsorgan begangen hat, im Licht der Sonne verbrannt. Sünden können auch begangen worden sein, wenn man unreine Essensreste gegessen, Unrecht getan oder schlechte Geschenke angenommen hat. Sind diese Sünden tagsüber begangen worden, so sollen sie am selben Tag verbrannt werden.

Der ganze vorbereitende Teil des Sandhyavandanam besteht aus Selbstreinigung mit Wasser. Dies kann zu Hause stattfinden oder an einem Fluss oder in einem Tempelteich. Nach der Reinigung werden wieder Ācamana und Prāṇāyāma vollzogen, worauf *ārghyapradanānam* folgt.

Beim Arghyapradānam, der Opfergabe für die Sonne, zitiert der Gläubige das Gāyatrimantra und lässt dreimal Wasser aus seiner rechten Hand fallen. Die fallenden Wassertropfen sollen sich in Waffen verwandeln und die Dämonen töten, die den Sonnenaufgang verhindern wollen. Darin sieht der orthodoxe Hindu eine Pflichterfüllung. Nach einem nochmaligen Ācamana und Prāṇāyāma folgt *tarpaṇa*.

Sandhyānga tarpaṇam ist die Befriedung der Dämmerungsglieder. Jedes Sandhya hat vier Glieder (*angas*). Die Glieder des Morgensandhya heißen *sandhya*, *gāyatri*, *brāhmi* und *nimṛji*, die des Mittagssandhya *sandhya*, *sāvitri*, *raudri* und *nimṛji*, die des Abendsandhya *sandhya*, *sarasvati*, *vaisnavi* und *nimṛji*. Im Morgen-Sandhyavandanam werden die Glieder des Morgensandhya befriedigt, im Mittags-Sandhyavandanam die Glieder des Mittagssandhya usw.

Mit dem nächsten Schritt, der *Gāyatri āvāhana* (*āvāhana* = ›Einladung‹), der Evokation von Gāyatri mit vedischen Hymnen, bewegt sich der Gläubige zu dem vorzentralen Teil des Rituals, der zugleich die Eigenschaften und Kräfte dieses Mantras und der Göttin Gāyatri beschreibt. Die Meditation mit dem Gāyatrimantra ist der Grund, weshalb die am Tag begangenen Sünden gleich am Tag und die in der Nacht begangenen Sünden gleich in der Nacht beseitigt werden müssen. Gāyatri ist die Kraft der Erkenntnisse, der Geduld und des Lichts. Sie ist die Form aller Götter und das Om. Das Gesicht dieses Mantras ist Feuer, der Kopf ist Brahma, das Herz ist Viṣṇu, die Tonsur ist Śiva, und die Erde ist der Ort des Ursprungs.

Danach vollzieht der Gläubige wieder Ācamana und Prāṇāyāma und erklärt sein Sankalpa, dass er jetzt mit dem Gāyatrimantra meditieren will. Daraufhin folgen *karanyāsa* und *anganyāsa* mit dem Gāyatrimantra.

Karanyāsa und Anganyāsa sind Verfahren mit dem Mantra, bei denen die abstrakte Gottheit Stück für Stück auf die Hände und Körperglieder des Gläubigen platziert wird, wodurch eine Vereinigung zwischen den beiden, dem Gläubigen und der Gottheit, stattfindet und eine intime Atmosphäre höchster Konzentration hergestellt wird.

Danach folgt *dhyānam*, d. h., der Gläubige rezitiert den Dhyāna-Vers, der die Gestalt der Göttin Gāyatri beschreibt und so den Gegenstand der Meditation im Geist hervorruft. Gāyatri hat fünf Gesichter mit fünf verschiedenen Farben – die der Perle, der Koralle, des Goldes sowie Schwarz und Weiß –, und jedes Gesicht hat drei Augen, eine Krone und eine Mondsichel. Sie trägt in acht ihrer Arme einen Stachelstock, eine Peitsche, einen weißen Schädel, eine Keule, eine Muschel, einen Diskus und zwei Lotusblüten; einen Arm hält sie dabei in beruhigender Haltung, und mit einem anderen gewährt sie den Gläubigen Wünsche.

Mit einem weiteren Vers wird auch die Gestalt des Sonnengottes beschrieben. Dann zeigt der Meditierende 24 Mudras (siehe Kap. Tantra) von Gāyatri, welche die Göttin beglücken sollen, und meditiert kurz auf seinen Guru, wonach die Meditation beginnt. In der Regel muss der Gläubige das Mantra 108-mal wiederholen. Für die Zählung werden entweder eine Kette von Rudrākṣa-Perlen (Perlen vom Tulasi-Stamm) oder einfach die eigenen Finger verwendet.

Nach der Meditation wird mit einem nochmaligen Karanyāsa und Anganyāsa die Göttin von dem Meditierenden gelöst, und ihr werden acht weitere Mudras gezeigt. Damit sind die Gāyatri-Meditation und der wichtigste Teil des Sandhyavandanams vollzogen worden.

Dieser Teil soll kurz noch einmal betrachtet werden. Das übliche Ācamana verwendet Viṣṇus Namen, die aus den Purāṇas stammen; es weist den Einfluss der Bhakti-Bewegung auf. Das Prāṇāyāma, das jedem Ācamana folgt, ist eine Atemübung, die aus dem Yōga-Bereich stammt. Kein Ritus, nicht nur das Sandhyavandanam, kann ohne Ācamana und Prāṇāyāma abgehalten werden.

Das Sankalpa zeigt mehrere Einflüsse auf. Es ruft die indische Art der Zeitrechnung, die ins Unendliche läuft, und den präzisen indischen Kalender, den die indischen Astrologen nach den Mondbewegungen berechnen, ins Bewusstsein des Gläubigen. Die Präzisierung seines Standortes innerhalb Indiens anhand der Berge und Flüsse schärft das Auge des Gläubigen für die Geografie des Landes.

Die Reinigungen, Mārjanam, die mit den vedischen Mantras durchgeführt werden, und das Gāyatrimantra selbst zeigen den lebendigen Anteil der Veden am Hinduismus.

Die Gāyatriavahana, also die Evokation der Göttin Gāyatri vor der Meditation, sowie die Karanyāsa und Anganyāsa, mit denen die Göttin auf die Finger und die Kör perglieder des Gläubigen platziert wird, und die Mudras, die der Gläubige vor und nach der Meditation der Göttin zeigt, um sie zu beglücken, sind tantrische Verfahren.

Der Meditation folgen Gebete mit vedischen Hymnen auf den Sonnengott und auf Gāyatri, wonach die Götter in allen zehn Himmelsrichtungen (die üblichen acht sowie oben und unten), die Eremiten, die zwischen Ganges und Jamuna wohnen, sowie alle anderen Götter und alle Heiligen, Eremiten, Gurus, Ahnen, die Mutter, der Vater und die fünf Elemente begrüßt werden. Danach folgt ein Bhakti-Teil.

Der Gläubige lobt Viṣṇu und sagt mit Hilfe einiger Verse:

»Ich begrüße Viṣṇu, den alle beweglichen und unbeweglichen Wesen, die Nacht und der Tag begrüßen. Er möge mich schützen. Śiva hat die Gestalt von Viṣṇu, und Viṣṇu hat die Gestalt von Śiva. In Viṣṇus Herzen ist Śiva und umgekehrt. Da ich keinen Unterschied zwischen den beiden sehe, möge meine Lebenserwartung länger werden.«

Damit bekennt sich der Gläubige dazu, dass der Unterschied zwischen dem Śaivismus und dem Vaiṣṇavismus nicht beachtenswert ist. Danach verabschiedet er sich von der Göttin Gāyatri (was wieder einen Einfluss des Tantra darstellt).

Am Ende des Ritus stehen einige Lobverse auf Viṣṇu, die besagen: »Wie das ganze vom Himmel gefallene Regenwasser zum Meer hin fließt, so geht jede Begrüßung, gleich an wen sie gerichtet ist, an Viṣṇu.« Das Positive (*puṇya*), das in allen Veden und an allen Pilgerorten vorhanden ist, das erhält der Mensch dadurch, dass er Viṣṇu rühmt. Im Geiste der Bhakti-Bewegung wird das Rühmen und Dienen Gottes über alle Wissenschaften, Handlungen und Pilgerorte gestellt.

Der Gläubige gießt eine Tulasi-Pflanze mit dem Wasser, das er vorher verwendet hat, und wirft sich vor ihr nieder. Damit ist das Sandhyavandanam für die Morgendämmerung beendet. Dasselbe wird mit einigen kleinen Änderungen mittags und abends wieder vollzogen. Erst nach dem Sandhyavandanam kann der Gläubige andere, individuell gewählte oder weitere durch die Pflicht vorgegebene religiöse Aktivitäten unternehmen.

Kapitel XI
Die ewige und die vergängliche Zeit

§ 54 *Gott, der Allgegenwärtige, und die unendliche Zeit*

Seit alters her beschäftigten sich die Inder mit der Zeit, und sie begriffen früh, wie unendlich lang sowohl die Vergangenheit als auch die Zukunft sein muss. Diese nach beiden Seiten offene Unendlichkeit erschien ihnen offensichtlich gleich dem Gott, der das Universum durchdringt und überall gegenwärtig ist. So ist es kein Wunder, dass sie ihn Viṣṇu, ›den überall Verbreiteten‹, und Anantarūpa, ›die Gestalt des Unendlichen‹ (Viṣṇusahasranāma Stōtra, der 933. Name) oder, ohne Vorbehalte, Kala, ›die Zeit‹ (418. Name), nannten. Die tausend Namen von Śiva rühmen ihn auch mit denselben oder ähnlichen Beinamen. Der 418. nennt ihn Kala oder der 661. Jagatkāla, ›die Zeit der Welt‹.

Diese Ehrfurcht gebietende Unendlichkeit versuchten die indischen Denker durch verschiedene Kategorien und Einteilungen zu bändigen, wobei sie ständig vor Augen hatten, wie kurz ihr eigenes Leben verglichen mit der Unendlichkeit war. Daher unterschieden sie die Länge eines menschlichen Jahres von der Länge eines göttlichen Jahres, das unvorstellbar lang ist, obwohl es denselben Namen trägt. Auf diesen entscheidenden Unterschied sollte man achten, wenn man die wahnwitzige Zeitvorstellung der Inder verstehen will.

Nach der Mythologie fasste am Anfang der eine Gott den Entschluss, sich zu vervielfältigen. Dieser Entschluss ist die *māyāśakti*, die ›Zauberkraft‹, welche die Welt erschuf. Daraufhin wuchs aus Viṣṇus Nabel ein Lotus, woraus Brahma entstand. Viṣṇu bat Brahma, die Welten zu erschaffen. Brahma tat es nach den Gesetzen der Veden, die ebenfalls aus Viṣṇu entstanden. Er schuf die ganze Welt und die Zeit, d.h. die vier *yugas*, die ›Weltalter‹. Die vier Weltalter heißen der Reihe nach *Kṛtayuga* (1728000 menschliche Jahre), *Tretayuga* (1296000 menschliche Jahre), *Dvāparayuga* (864000 menschliche Jahre) und *Kaliyuga* (432000 menschliche Jahre). Aus den vier Yugas besteht das *mahāyuga*, das große Zeitalter. Aus tausend Mahayugas besteht ein *kalpa*, das einem Tag und einer Nacht von Brahma, dem Schöpfer, gleich ist.

In den Purāṇas, den heiligen Schriften, werden die Namen dreißig solcher Kalpas erwähnt. Die heutigen Menschen befinden sich in dem Kalpa von *śvetavarāha* (dem ›weißen Eber‹). Jedes Kalpa wird wieder in 14 gleich lange Perioden geteilt und jede Periode heißt *manvantaras*. Die heutigen Menschen befinden sich in der siebten Periode namens *vaivasvata*.

Ein Kalpa, ein Brahma-Tag, entspricht somit also 4320000000 menschlichen Jahren. Ein Brahma-Jahr (360 Brahma-Tage) dauert demgemäß 1555200000000 Menschenjahre, und da Brahma hundert Jahre lebt, kommt er auf ein (Menschen-)Alter von unvorstellbaren 155520000000000 Menschenjahren. Das ist eine Zahlendimension, mit der nur die moderne Astronomie zurechtkommen kann.

§ 55 *Pralaya, die Zerstörung*

Nach Hindu-Vorstellungen folgt der Schöpfung, *sṛṣṭi*, die Zerstörung, *pralaya*. Zerstörung ist dreifach.

Am Ende jedes Kalpas bzw. des Brahma-Tages wird die erschöpfte und verkommene Welt, die an Dürren und Hitze leidet, zerstört. Diese (erste) Zerstörung ist als eine Art von Reinigung zu betrachten, da die Welt in ihrer Grundform bestehen bleibt.

Die eigentliche Zerstörung findet am Ende von Brahmas Leben statt, da die ganze Welt (alle Welten) zu ihrer Urform von Prakṛti zurückkehrt und da aus Viṣṇu wieder ein Brahma geboren wird, der die Welten neu erschafft.

Die dritte Art von Zerstörung vollzieht sich im Bereich des Individuums und gilt als die absolute Zerstörung. Diese Zerstörung ist die Erlösung des Menschen, der sich von der Kette der Wiedergeburten gelöst hat und für den die Welt der Vielfalt und Illusionen keine Erfahrungen mehr anzubieten hat. Für ihn ist das Weltendrama beendet.

§ 56 *Yugas, die Weltalter*

Nach den Hindu-Vorstellungen bestimmt der Zeitpunkt bzw. das Weltalter die Qualität der Welt und der Menschen. Die Moral der Menschen, Sitten und Bräuche, Frömmigkeit, der ordentliche Verlauf der Jahreszeiten – also rechtzeitige Regenfälle, Sonnenschein, Mondschein, Ernten usw. –, die Gesundheit der Menschen und der Frieden sind vom jeweiligen Zeitalter, Yuga, abhängig.

KṚTAYUGA, das erste Weltalter, ist das beste und hat die Gestalt der Wahrheit. Daher waren damals *jnāna* (Weisheit) und *vairagya* (Desinteresse) die Haupteigenschaften der Menschen. Im Kṛtayuga waren sie ehrlich, gerecht und sanft. Sie kannten keinen Neid und Stolz, keine Feindseligkeit oder keinen Hass. Dharma, die Gerechtigkeit, die oft mit einer Kuh verglichen wird, stand auf allen ihren vier Beinen, d. h., sie war stabil. Es gab keine Krankheiten oder körperlichen Verschleißerscheinungen.

In diesem Zeitalter brauchten sich die Menschen nicht anzustrengen, da alles ›gemacht‹ (*kṛta*) vorhanden war. Sie mussten sich nur etwas wünschen, und schon hatten sie es. Alle Menschen waren gläubig und verehrten die Götter von Angesicht zu Angesicht und nicht ihre Abbilder wie in den späteren Weltaltern. Aus all diesen Gründen gilt das Kṛtayuga oder *satyayuga* (›Weltalter der Wahrheit‹) als das goldene Zeitalter.

TRETAYUGA, das kürzer als Kṛtayuga ist, zeigt den Anfang vom Verfall der Moral und der Qualität der Zeit. Die Menschen vollzogen viele Opfer, und, was das Bestimmende für Tretayuga ist, sie waren gerecht und wahrhaftig. Aber alles, was sie taten, hatte ein Motiv. Sie erwarteten Belohnung für ihre Taten und verrichteten sie nicht einfach um der Pflicht willen. Die Dharma-Kuh stand im Tretayuga auf drei Beinen.

Im DVAPARAYUGA setzte sich die Verschlechterung der Zeitqualität fort – die Dharma-Kuh stand nur noch auf zwei Beinen. Als Brahma die vier Zeitalter erschuf, versah er das Kṛtayuga nur mit einer Brahmanenschnur und das Tretayuga mit den Devotionalien der Opferrituale; das Dvaparayuga dagegen hatte als Attribute Waffen zu tragen – ein Schwert, eine Keule sowie Pfeil und Bogen. Nicht alle Menschen waren in dieser Zeit gerecht oder friedlich. Sie zeigten widersprüchliche Eigenschaften wie Frieden und Aggression, Barmherzigkeit und Härte usw. Es gab keine einheitlichen Normen für die Gesellschaft, die in Religion und in der Pädagogik unterschiedliche Richtungen auszuformen begann. Der Verfall der Moral führte nun auch dazu, dass die Menschen Krankheiten, Alter und Naturkatastrophen unterlagen.

KALIYUGA bedeutet ›das Weltalter des Streits‹. Grausamkeit und das Schwelgen in weltlichen Dingen sind seine Haupteigenschaften. Als Brahma Kaliyuga schuf, erschien das Wesen dieses Weltalters in der Form eines gierigen Menschen vor dem Schöpfer. In einer Hand hielt Kaliyuga sein Geschlechtsorgan und mit der anderen seine Zunge – ein Zeichen dafür, dass die Menschen triebhaft und gefräßig sein werden. Im Kaliyuga werden die Vorschriften der Veden bezüglich Religion, Gesellschaft und anderer Sphären vernachlässigt. Die Menschen werden unmoralisch, selbstsüchtig, streitsüchtig und zornig. Krankheiten, Naturkatastrophen, Tod und Hunger gewinnen die Oberhand. Im Kaliyuga hinkt die Dharma-Kuh auf einem Bein.

Ist der Mensch den Zwängen der Zeit wehrlos ausgesetzt? – Ja und nein. Zwar wird der Geist des Menschen und der Welt von dem jeweiligen Yuga bestimmt, und insofern ist er von der Zeit abhängig. Aber der Mensch verfügt über *iccha*, den Willen, und *vicakṣaṇa*, das Unterscheidungsvermögen, auf Grund derer er das Wahre vom Unwahren, das Ewige vom Vergänglichen unterscheiden und sich vor den Versuchungen der Welt und vor Irrtümern schützen kann. Je schlechter die Qualität der Zeit und je schwieriger es ist, ein moralisches Leben zu führen, desto barmherziger sind die Hindu-Götter den Sündern gegenüber.

Im Kaliyuga, wo die Gefahr des moralischen Falls am größten ist, sind die Götter am leichtesten zufrieden zu stellen. Der Mensch braucht nur Gottes Namen auszusprechen, dann ist ihm Errettung sicher. Während man in anderen Zeitaltern komplizierte Opferrituale vollziehen musste, muss man jetzt singen: *Harirnama, Harirnamah kevalam, Kalau gatirnasti anyatha* – ›in Kaliyuga gibt es die Rettung nur im Namen von Hari, nur in seinem Namen. Sonst gibt es keinen anderen Ausweg‹.

Nach Kaliyuga beginnt wieder Kṛtayugā, und der Zyklus wird 1000-mal fortgesetzt. So vergeht ein Tag im Leben von Brahma.

§ 57 *Der glückliche Augenblick in der vergänglichen Zeit*

Diese riesigen Zeitspannen haben die Inder jedoch nicht dazu gebracht, sich nur noch mit dem ewigen Gott zu beschäftigen: Die diesseitige Welt mit ihren Sekunden, Stunden, Tagen, Wochen, Monaten und Jahren ist für sie genauso wichtig geblieben. Schließlich soll die Überwindung der Zeit, die Erlösung, und die dazu notwendige Lebensführung in Raum und Zeit, in dieser Welt stattfinden. Der Erfolg oder Misserfolg des Strebens eines Menschen hängt sehr von der Zeit ab, zu der er sein Vorhaben verwirklichen will. Mit großer Präzision und Liebe berechneten die Inder die Zeit und analysierten ihre Qualität, die vom Menschen erlebt und erlitten wird.

Beispielsweise ist allein der Wunsch zu meditieren nicht genug, um meditieren zu können. Der Aspirant muss auch wissen, welcher Tag und gegebenenfalls auch welcher Zeitpunkt des Tages zur Einweihung in diese Meditation geeignet ist, und die Feststellung dieses Zeitpunkts kann er nicht dem Münzewerfen überlassen: Die Astrologie und der astrologisch berechnete Kalender sind die Mittel, mit denen man diese Angaben ermittelt. Die astrologischen Kenntnisse befreien den Menschen von seinen Umständen oder tragen zu dieser Befreiung bei. Das Ergebnis der jahrhundertlangen empirischen Forschungen von indischen Astronomen und Astrologen ist das »Pancāngam«.

§ 58 *Pancāngam, das Fünfgliedrige*

Die Inder interessierten sich von Anfang an für die Naturwissenschaften, und dabei besonders auch für Astronomie und Mathematik. Schon früh, bereits im 5. Jahrhundert, wusste der Astronom Aryabhaṭṭa, dass die Erde sich um sich selbst und um die Sonne dreht. Durch ihre perfektionierte Mathematik berechneten sie die Bewegungen der Himmelskörper und die Sonnen- und Mondfinsternisse präzise. Die astronomischen Kenntnisse waren nicht ohne Bedeutung für die Lebensführung. Astrologie ist die Anwendung der astronomischen Kenntnisse auf das Menschenschicksal, und der hinduistische Kalender Pancāngam (›das Fünfgliedrige‹) ist ein Ergebnis dieser Anwendung.

Der übliche Kalender gibt Auskunft über Jahr, Monat, Wochentag und Tag. Das Pancāngam enthält nicht nur diese üblichen Informationen, sondern ist zusätzlich ein Mittel zur Feststellung des glücklichen oder richtigen Zeitpunkts, der unter Berücksichtigung von fünf Kriterien ermittelt wird.

1. VĀRA ist der normale Wochentag. Die Woche entspricht im Ganzen der des westlichen Kalenders und weist

auch im Detail Ähnlichkeiten auf: Der Montag ist im hinduistischen Kalender der Sōmavāra (*sōma* = ›Mond‹), der Dienstag der Mangalavara (*mangala* = ›Mars‹), der Mittwoch der Budhavara (*budha* = ›Merkur‹), der Donnerstag der Brihaspati- oder Guruvara (*brihaspati* oder *guru* = ›Jupiter‹), der Freitag der Sukravara (*sukra* = ›Venus‹), der Samstag der Sanivara (*sani* = ›Saturn‹) und der Sonntag der Ravivara oder Adivara (*ravi* = ›Sonne‹).

Der Wochentag fängt mit dem Sonnenaufgang an und dauert bis zum nächsten Sonnenaufgang. Die orthodoxen Inder haben den 24-Stunden-Kalender noch nicht akzeptiert, weshalb es für einen nicht Eingeweihten Missverständnisse beim Umgang mit dem indischen Kalender geben kann.

2. TITHI ist ein Tag, der die Zeitdauer einer Mondphase hat (Tageslänge gerechnet nach der Zeitdauer zwischen zwei Phasen des Mondes), die nicht mit einem 24-stündigen Tag übereinstimmt. So zählt man bei zunehmendem Mond 15 Tage, die als *śuklapakṣa* (die breite Hälfte des Monats) bezeichnet werden, und bei abnehmendem Mond 15 Tage, als *kṛṣṇapakṣa* (die dunkle Hälfte) bezeichnet. Im südindischen Kalender fängt ein Monat am Neumondtag an, in Nordindien am Vollmondtag. Der Hindu-Kalender zeigt sekundengenau, wann ein Tithi anfängt und endet und wann das nächste Tithi beginnt.

3. NAKṢATRA bedeutet ›Stern‹ auf Sanskrit und bezeichnet im Hindu-Kalender und in der indischen Astrologie eine Konstellation. Der Mond befindet sich in seinem Umlauf um die Erde zu jeder Zeit in einem bestimmten Nakṣatra, und seine Bahn um die Erde ist in 27 Nakṣatras geteilt. Das Pancāngam zeigt sekundengenau, wann der Mond sich in einen bestimmten Nakṣatra bewegt und wann er ihn verlässt.

4. YŌGA ist die gesamte Wirkung verschiedener astronomischer Faktoren auf den Zeitpunkt. Yōga drückt aus, ob eine bestimmte Unternehmung Erfolg oder Misserfolg haben oder ob sie ergebnislos bleiben wird, und, wenn sie erfolgreich sein sollte, in wie vielen Tagen oder Stunden es geschehen wird.

5. Auch KARANA besagt, welche Wirkung die astronomischen Gegebenheiten zu einem gewissen Zeitpunkt haben.

Das Pancāngam gibt außerdem darüber Auskunft, in welchem Tierkreis sich die Planeten an einem bestimmten Tag befinden, wann sie sich in den nächsten Tierkreis bewegen, und benennt die Zeiten des Sonnenauf- und -untergangs sowie des *rāhukāla* (siehe S. 194) an einem bestimmten Tag.

Nach dem Pancāngam wird der glückliche Zeitpunkt festgelegt, an dem wichtige und auch alltägliche Aktivitäten stattfinden sollen. Und der Kalender bestimmt auch, an welchen Tagen etwas nicht unternommen werden soll. Am Freitag kauft die Dorfbevölkerung selten ein, da dieser Tag der für das Geld zuständigen Göttin Lakṣmi zugeordnet ist, und niemand möchte, dass sie einen, wenn man Geld ausgibt, an diesem Tag verlässt. Am Dienstag unternimmt man selten etwas Neues, da der Tag unter dem ungünstigen Einfluss vom Mars steht. Für spirituelle Aktivitäten ist der Donnerstag geeignet.

Außerdem stellt jeder Wochentag den Lieblingstag eines bestimmten Gottes oder einer bestimmten Göttin dar. So wird der Sonntag der Sonne zugeordnet, der Montag Śiva, der Dienstag und der Samstag Hanumān, der Donnerstag Dattatreya und allen Heiligen, die dieser Tradition angehören. Der Freitag ist den weiblichen Gottheiten wie Durga, Lakṣmi und Sarasvati gewidmet. Spirituelle Aktivitäten, die man an diesem Tag unternimmt, werden besonders erfolgreich sein. Der Tradition nach sollen die Angehörigen der Śūdra-Kaste nur auf den Vāra, den Wochentag, achten, wenn sie etwas unternehmen.

Die Vaiśyas sollen dagegen auf die Tithis, die Mondphasen, achten. Allgemein gilt, dass die Śuklapakṣa, die breite Hälfte des Monats, besser ist als die dunkle Hälfte, Kṛṣṇapakṣa. Am Neumondtag und am zweiten, vierten, sechsten und achten Mondtag werden keine wichtigen Aktivitäten unternommen. Niemand wird an diesen Tagen eine Reise antreten, eine neue Wohnung beziehen oder auch eine Hochzeit feiern. Hingegen gilt der Neumondtag als ein besonders guter Tag für spirituelle Unternehmungen.

Die breite Hälfte des Monats ist eine günstige Zeit, die den Menschen in ihren Vorhaben weltlichen Erfolg wie Geld, Wohlstand, Glück, Kinder usw. verspricht. So ist der Vollmondtag der beste Tag des Monats. Aber auch der dritte, fünfte, siebte, zehnte (dieser Tag vor allem für Erfolg) und dreizehnte Mondtag sind günstige Tage.

Vāra und Tithi geben nur allgemeine Informationen über die Qualität des Tages. Die vollständige Information ist anhand der Nakṣatras in Bezug auf das Geburtshoroskop zu erfahren. Jeder Mensch ist in einem der 27 Nakṣatras geboren. Je nachdem, welcher Nakṣatra über den Tag herrscht, kann der Tag für jemanden günstig oder ungünstig sein. Wenn jemand zum Beispiel im Ārdra-Nakṣatra geboren ist, ist dieser Nakṣatra für ihn ungünstig (der beispielsweise am Freitag, dem 22. September 2000, herrscht), wohingegen für ihn *Punarvasu*, *Āśresa*, *Pubba*, *Hasta*, *Citta*, *Viśākha*, *Jyestha*, *Pūrvāṣāḍha*, *Śravaṇam*, *Dhanisṭha*, *Purvabhadra*, *Revati*, *Bharaṇi*, *Rōhiṇi und Mṛgaśira* die besten Nakṣatras sind, d.h. von dem Geburt-Nakṣatra gerechnet jeder zweite Nakṣatra.

Der Kalender zeigt auch, in welchem Haus sich die Planeten befinden (am 22. September sind Saturn und Jupiter im Stier, der Mond im Zwilling, der Mars im Löwen, die Sonne in der Jungfrau, Venus und Merkur in der Waage, und in Zwilling und Schütze sind Mondknoten.

Unabhängig davon, wie gut der Tag ist, wird in Südindien auch auf *rāhukāla* geachtet, in der Waage die an jedem Wochentag jeweils eineinhalb Stunden dauert. Man versucht während dieser Zeit nichts anzufangen, da es missliche Folgen hat. Ist der Sonnenaufgang um 6 Uhr, so dauert die Rāhukāla am Sonntag von 16.30 Uhr bis 18 Uhr, am Montag von 7.30 Uhr bis 9 Uhr, am Dienstag von 15 Uhr bis 16.30 Uhr, am Mittwoch von 12 Uhr bis 13.30 Uhr, am Donnerstag von 13.30 Uhr bis 15 Uhr, am Freitag von 10.30 Uhr bis 12 Uhr und am Samstag von 9 Uhr bis 10.30 Uhr.

Der beste Tag ist der, an dem Vāra, Tithi und Nakṣatra positiv sind. Nakṣatra hat den stärksten Einfluss auf den Tag; Tithi hat etwas weniger Einfluss als der Nakṣatra; und Vāra weniger als Tithi.

Das Pancāngam enthält zusätzlich allgemeine Vorhersagen darüber, wann es regnen wird, wie stark oder schwach die Sonne scheinen wird, ob die Preise der Lebensmittel oder der Rohstoffe steigen oder fallen – und um wie viel –, ob mit den Nachbarländern Kriege geführt werden oder ob Friede herrschen und wie es der Bevölkerung des Landes gehen wird. Es enthält auch die Horoskope für alle Geburtsdaten, einmal für das ganze Jahr und einmal für jeden Monat, sowie *sumuhurtas*, d. h. günstige Termine für Hochzeiten, Einweihungen, Grundsteinlegungen usw.

Kapitel XII
Das Leben des Menschen

Es existieren viele Vorurteile über den Hinduismus, und eines davon wird so oft geäußert, dass es in den Vorstellungen der Leute den Status einer bewiesenen Wahrheit zu genießen scheint. Diesem Vorurteil nach negiert der Hinduismus die Welt und das Leben weitgehend, da seiner Anschauung nach beide nur Illusionen seien. Die Karma-Theorie führe die Menschen zu Pessimismus und Tatenlosigkeit, was die gesellschaftlichen Umstände anbelangt, womit die Armut Indiens und seine Miseren zu erklären seien. Anders gesagt: Der Hinduismus unterstütze kein gesellschaftliches Engagement, da er zu jenseitig sei (Radhakṛṣṇan, S. 65, fasst diese Art von Kritik seitens der westlichen Theologen zusammen). Bereits die vorangegangenen Kapitel über Tantra und Bhakti widerlegen diese Kritik zum Teil. Dieses Kapitel vertieft die Widerlegung, indem es sich den Fragen zur Hindu-Ethik stellt und über ihre Grundstruktur aufklärt.

§ 59 *Puruṣārthas, die vier Lebensziele*

Zwar bildet die Feststellung, dass alle Menschen leiden, den Ausgang jeder indischen philosophischen und religiösen Untersuchung und die Suche nach der Lösung ihren Hauptteil, aber die allgemeine Tendenz der indischen Philosophie und des Hinduismus ist nicht, dem Menschen zu empfehlen, gleich den Weg der Erlösung einzuschlagen. Sie macht ihn auf seine Pflichten der Gesellschaft, der Welt und sich selbst gegenüber aufmerksam. Diese Pflichten und ihre Erfüllung werden im Hinduismus in vier Kategorien geteilt, und alle vier sind gleich wichtig. Um ein ausgewogenes, erfülltes Leben führen zu können, darf der Mensch keine der vier Kategorien überbetonen oder vernachlässigen, weshalb sie im Hinduismus als Puruṣārthas, ›Lebensziele‹, bezeichnet werden. Es sind *dharma* (›Gerechtigkeit‹), *artha* (›Erwerb der materiellen Dinge‹), *kāma* (›Erfüllung der Begierden‹ [auch der sexuellen]) und *mōkṣa* (›Erlösung‹). Man könnte die Aufgabe, alle vier Ziele gleichmäßig zu behandeln, mit den *Checks and Balances* der britischen Verfassung vergleichen.

Dharma

Alle Handlungen sollen gerecht sein und den allgemein gültigen Gesetzen entsprechen.

In Altindien gab es eine Reihe von Denkern, die in ihren Werken Gesetze formulierten. Diese Gesetze fassten die althergebrachten Sitten und Bräuche zusammen und legten fest, wie das Verhalten der Menschen in bestimmten Situationen zu sein hat. Manu, der erste Gesetzgeber, nennt vier Mittel zur Feststellung des Rechten und des Unrechten: die Veden, *smṛti* (die Gesetzbücher), *ācāra* (den herkömmlichen Brauch) und das Gewissen. Mit der Nennung des Letzteren erkennt er an, dass den ersten drei Mitteln nicht blind Folge zu leisten ist.

Dharma, die gerechte Handlung, ist abhängig von der Kaste und dem Lebensstadium, *āśrama* (siehe § 60). Die Verfasser der Gesetzbücher wussten, dass die richtige Handlung den Faktoren *deśa*, Ort, *kāla*, Zeit, und *paristhiti*, Situation, unterliegt, mit einem Wort, der historischen Situation. So gesehen sind diese Gesetze von relativem Wert, d. h., man darf in ihnen nicht die Art von Gesetzen erwarten, die man in einer heutigen Verfassung vorfindet. Manus Gesetze setzen das Kastensystem voraus und sind also für die vier Kasten verschieden.

Es gibt jedoch einige Normen, die allgemein gültig sind. Beispielweise darf man das Eigentum anderer Menschen oder die Ehefrauen anderer Männer nicht begehren; man soll auf üble Nachrede oder Gewalt verzichten sowie nicht lügen und nicht stehlen. Wahrheit und Gewaltlosigkeit werden zu den höchsten Werten erklärt. Der Guru ist eine wichtige Person, aber hundertmal wichtiger ist der eigene Vater und tausendmal wichtiger die eigene Mutter.

Die Pflicht der Priesterkaste, der Brahmanen, besteht darin, zu lehren, zu studieren, Opfer für sich und für die anderen zu vollziehen sowie Geschenke und Almosen zu geben und anzunehmen.

Die Pflicht der Kriegerkaste, der Kṣatriyas, ist es, die Gesellschaft zu schützen. Durch Strafmaßnahmen schützten die Kṣatriyas, die auch den König stellten, die Schwachen vor den Starken und das Land vor den Feinden. Ein Mittel dazu war, die Feinde zu schwächen und, wenn notwendig, Kriege gegen sie zu führen.

Die Pflicht der Angehörigen der Kaste der Bauern oder Kaufleute, der Vaiśyas, ist es, Rinder zu halten, sich dem Ackerbau zu widmen und Handel zu treiben.

Den Angehörigen der vierten Kaste, den Śūdras, stehen die oben genannten Berufe oder Pflichten nicht zu. Für ihren Lebensunterhalt sollen die anderen Menschen dienen.

Die sakrale Gesetzgebung setzt das Kastensystem mit seiner Arbeitsteilung voraus. Aus heutiger Sicht ist sie undemokratisch. Auch die Frauen schneiden hier nicht gut ab, da ihre Abhängigkeit von den Männern als Tugend unterstrichen wird. Aber Manu erklärt auch, dass von der guten Behandlung einer Frau das Wohlergehen eines Mannes, einer Familie und einer Gesellschaft abhängig sei – sonst könnten sie stürzen.

Diese ursprünglichen Gesetze wurden in der Geschichte von Zeit zu Zeit revidiert, wobei die jeweils neuen historischen Entwicklungen berücksichtigt wurden.

Artha

Artha, der Erwerb materiellen Wohlstands, ist dem Hinduismus zufolge im Leben anzustreben. Man wünscht sich und den anderen alle Reichtümer – Reichtum an Rindern, an Feldern, an Gesundheit und allem Möglichen. Entgegen der Behauptung einiger westlicher Menschen verherrlicht der Hinduismus die Armut oder Bettelei nicht als Tugend.

Kāma

Kāma, die Erfüllung der Begierden, schließt jede Art von Wunsch ein und ist teilweise in Artha enthalten (umgekehrt ist auch Artha teilweise in Kāma enthalten). Unter Kāma ist auch der sexuelle Trieb zu verstehen, der vom Hinduismus nicht verteufelt wird.

Ganz im Gegenteil: Der sexuelle Wunsch und seine Erfüllung sind eines der Lebensziele und sollen als Kunst beherrscht und gepflegt werden. Daher verfassten die Inder Abhandlungen über die Liebeskunst (zum Beispiel das »Kamasutra«), und Dichter, Maler und Bildhauer illustrierten sie in ihren Werken.

Die beliebteste Formel des Segnens ist: *Sarva abhista siddhirastu* – ›alle [deine] Wünsche mögen in Erfüllung gehen‹.

Mōkṣa

Mōkṣa, die Erlösung aus der Kette der Geburten, ist das Ziel, auf das die ganze Lebensführung ausgerichtet ist. Der Hinduismus und seine spirituellen Übungen sind letztlich nur Mittel auf dem Weg zur Erlösung.

Die vier Lebensziele ergänzen einander und widersprechen sich nicht, wenn es vielleicht auf den ersten Blick auch so zu sein scheint. Sie besagen, dass ein Mensch alle Aspekte des Lebens und der Welt kennen lernen und genießen muss, wobei er gerecht zu handeln hat und auf Gott bedacht sein muss. Doch wie die richtige Handlung von der Arbeitsteilung und dem Berufsstand bestimmt wird, so wird sie auch vom Lebensstadium geprägt.

§ 60 *Die vier Lebensstufen*

Āśrama oder die Lebensstufen sind das Pendant zu den Puruṣārthas. Der Mensch kann sich nicht mit allen Zielen oder Werten des Lebens gleichzeitig beschäftigen: Gewisse Ziele verlangen nach einem gewissen Alter oder einer gewissen Reife und andere nach bestimmten Qualifikationen. So kann man weder von einem Kind erwarten, dass es nach Erlösung strebt, noch kann man von einem alten Weltentsager erwarten, dass er seine sexuellen Triebe pflegt. Das Varnasrama sieht demnach vier Lebensstadien vor.

Brahmacarya

Brahmacarya, das Studentendasein, ist die erste Stufe. Angehörige der drei oberen Kasten sollen die Veden, die

Śāstras (Wissenschaften) und die *vidyas* (verschiedene Künste) studieren und erlernen, nachdem sie in das Gāyatrimantra initiiert worden sind. Während des 36 Jahre, 18 Jahre oder 8 Jahre dauernden Studiums stellen die Eltern ihre Kinder dem Guru ganz zur Verfügung. Der Schüler verzichtet auf jeglichen Luxus und jegliche Genüsse. Er darf zum Beispiel keinen Honig und kein Fleisch verzehren und muss auf Parfüm, Girlanden, Geschlechtsverkehr, Gewalt und Schuhe verzichten. Er soll alleine schlafen und sich nur von Almosen ernähren. In dieser Phase wohnt er in der Regel im Wald bei seinem Guru, dem er unter schwierigen Umständen zu dienen hat.
Als dem König Dasaratha nach jahrelangen Bemühungen durch Gottes Segen vier süße Kinder geboren wurden und er sich über sie freute, kam der heilige Viśvāmitra zu seinem Königshof und verlangte von ihm, dass er die Söhne mit ihm in den Wald schicke. Er wolle dort ungestört von Dämonen ein Yajña vollziehen und erwarte von Dasarathas jungen Söhnen, die kaum sechzehn Jahre alt waren, dass sie die Dämonen vertrieben. Im Gegenzug versprach der Heilige, den Jungen die Kriegskunst beizubringen und ihnen unfehlbare Waffen zu schenken. Dasaratha wurde traurig, da er seine jungen Kinder nicht den Gefahren eines Waldes und den Dämonen aussetzen wollte. Trotzdem stellte er sie dem Heiligen zur Verfügung, da das seinem Dharma – Kinder bei einem Guru studieren zu lassen und als Kṣatriya die Menschen zu schützen – entsprach.

Gṛhastha

Gṛhastha, die Gründung einer Familie, ist das nächste Stadium in der Entwicklung eines Menschen. Der Junggeselle muss heiraten, eine Familie gründen und Kinder zeugen.

Es sind Hausherren, die sich mit der Wirtschaft beschäftigen – Getreide erzeugen, Vieh züchten, Handel treiben.

Von allen vier Stadien wird dieses von Manu als das wichtigste gelobt, weil die Menschen der anderen drei Lebensstadien vom Gründer eines Haushalts mit Geschenken, heiligem Wissen und Essen unterstützt werden. Wie alle Flüsse, die kleinen wie die großen, in einem Meer ihre Ruhestätte finden, so finden Menschen anderer Lebensstadien Zuflucht bei dem Hausherrn.

Die Gesetzbücher schreiben ihm fünf Yajñas als Opfer vor. Dies sind *brāhmayajña* (Studium und Unterricht), *pitṛyajña* (Ahnenverehrung), *daivayajña* (Feueropfer für die Götter), *bhutayajña* (Tiere füttern) und *nṛyajña* (Fürsorge für die Gäste). Der Pflicht des Nryajña entsprechend gab Sita im Rāmāyana dem Dämon Rāvaṇa Almosen, da sie ihn nicht abweisen durfte, und erleichterte somit dem Dämon ihre eigene Entführung. Aus demselben Grund wollte Anasuya die verkleideten drei Götter nicht fortschicken, ohne sie gespeist zu haben (siehe § 47), und geriet so in einen moralischen Konflikt. Die Beispiele deuten darauf hin, dass sich Menschen in der Gesellschaft an diese Normen gehalten haben, selbst wenn ab und zu Missbrauch vorkam.

Vānaprastha

Im Vānaprastha, dem ›Aufbruch zum Wald‹, beginnt die Auflösung der Bindung zur Familie und zur Gesellschaft. »Wenn der Hausvater sieht, dass seine Haut runzelig wird, das Haar grau oder dass seine Kinder Kinder bekommen, dann möge er in den Wald ziehen« (Radhakrishnan und Moore, S. 181).

In dem vorherigen Stadium hat das Ehepaar eine Familie gegründet, Kinder gezeugt und erzogen. Nun übergeben sie ihnen die Verantwortung für alles und ziehen von der Familie fort. Sie begeben sich auf Pilgerfahrten und leben zum Schluss im Wald allein. Sie sind nicht mehr verpflichtet, sich an den Aktivitäten der Gesellschaft oder der Wirtschaft zu beteiligen.

Sannyāsa

Sannyāsa, die Entsagung, ist das letzte Stadium im Leben, da der Mensch, nachdem er alle Phasen seines Lebens durchlaufen hat, nur noch gelassen auf das Ende des Lebens oder die Erlösung wartet. Alle Pflichten fallen von ihm ab. Jedoch darf niemand diese Stufe des Lebens antreten, ohne die vorherigen Pflichten erfüllt zu haben – »sonst kommt er in die Hölle« (Radhakṛṣṇan und Moore, S. 183).

Darin liegt der Kerngedanke der vierstufigen Teilung des Lebens. Der Mensch muss sich bilden, sich an allen gesellschaftlichen Aktivitäten beteiligen, sich langsam von der Welt lösen und in Frieden sterben. Damit entspricht er zwei Grundausrichtungen: der *pravṛtti*, ›Zuwendung‹, und der *nivṛtti*, ›Abwendung‹. Dass die Welt und das Leben schließlich nur eine Illusion sind, tangiert das vierstufige Lebensschema mit seinen Pflichten und Rechten nicht.

§ 61 *Tod und Wiedergeburt*

»Wie der Mensch alte Kleider ablegt und sich neue anlegt, so verlässt die Seele den Körper und sucht sich einen neuen«, heißt es in der Bhagavadgīta (II.22). Der Tod ist dem Hinduismus zufolge keine endgültige Auflösung des

Menschen. Die Seele, die den Tod überlebt, wird wieder geboren, aber nicht unbedingt wieder als Mensch. Sie kann als Mensch, Tier, Pflanze oder, nach Manu, sogar als lebloser Gegenstand geboren werden, je nachdem, wie die Lebensführung eines Menschen gewesen ist. Mit dem Körper begangene Sünden können zur Existenz eines leblosen Gegenstandes führen, mit der Zunge (der Sprache) begangene Sünden zu der Existenz eines Vogels oder eines Tieres und die mit dem Geist begangenen zu einer Geburt in eine niedere Kaste.

Diese Vorstellung setzt voraus, dass nicht nur der Mensch, sondern auch die Tiere, Pflanzen und sogar Steine und Felsen beseelt sind. Gute, d. h. gerechte Lebensführung führt zur Geburt als besseres Lebewesen. ›Besser‹ bedeutet hier, dass der Seele im neuen Körper bessere Möglichkeiten zur Erlösung von der Kette der Wiedergeburten gegeben sind. Nur aus diesem Grund wird im Hinduismus die Wiedergeburt der Seele als Mensch besonders geschätzt. Unter allen Geschöpfen verfügt allein der Mensch über das Unterscheidungsvermögen, *vicakṣaṇa*. Daher kann er das Vergängliche von dem Ewigen unterscheiden und nach dem Ewigen streben – eine Fähigkeit, die Tiere unglücklicherweise nicht haben. Die vollkommene Lebensführung mündet also in die Erlösung, während sich aus der fehlerhaften Lebensführung die Wiedergeburt als ein niederes Wesen ergibt.

Anders als in Europa von einigen Indien-Experten propagiert, besagt die Theorie der Wiedergeburten nicht eine Evolution der Seelen auf esoterischer Ebene von niederen Lebewesen bis hin zum Menschen, wie es nach Darwin in der Tierwelt geschieht. Im Hinduismus kann ein Mensch als Huhn, Eidechse oder Insekt wieder geboren werden; umgekehrt kann sich ein Insekt, sollte es ›gute‹ Taten begangen haben, als Mensch inkarnieren.

Mit erstaunlicher Präzision führt das »Sri Gurucaritra«, eine heilige Schrift aus dem indischen Mittelalter, eine Liste von Strafen, Geburten und Krankheiten auf und die jeweiligen Sünden, von denen sie verursacht werden:

Ein Brahmane, der seine Pflichten nicht erfüllt, wird als Unberührbarer geboren, ebenso derjenige, der seine Eltern, seinen Guru, eine angesehene Frau, die Wahrheit oder die Gewaltlosigkeit aufgibt. Jemand, der seinen Guru oder seine Familie verlässt, wird im nächsten Leben schwer krank; wenn er die Geheimnisse oder Sünden anderer Menschen offenbart, wird er an Herzkrankheiten leiden. Betrügt jemand seinen Guru oder beleidigt er einen Brahmanen, so wird er als Dämon geboren.

Wenn jemand gemeinen Menschen dient, wird er ein Esel sein; wenn er isst, ohne sich um die Gäste gekümmert zu haben, wird er ein Huhn sein. Wer Arzneimittel stiehlt, wird ein Kamel sein, wer Honig stiehlt, ein Vogel, wer Fleisch stiehlt, ein Adler, wer Essen stiehlt, eine Heuschrecke. Der Bücherdieb wird ein Blinder, der Kleiderdieb ein Hautkranker sein.

Der Mann, der mit einer fremden Frau Geschlechtsverkehr hat, wird hundertmal als Hund geboren werden. Sieht jemand die Vagina einer fremden Frau an, so wird er im nächsten Leben ein Blinder. Wenn er mit Frauen aus der Verwandtschaft geschlechtlich verkehrt, wird er als Esel oder Schlange geboren werden; wenn er sie dagegen nur umarmt, wird er einen Herzinfarkt erleiden (Bharadwaja, S. 103–105). Und damit ist die Liste der Sünden und der ihnen folgenden Geburten und Krankheiten noch lange nicht vollständig wiedergegeben.

Kapitel XIII
Vāstu, die Wissenschaft des Wohnens

Alle Wissenschaften, die in Indien entwickelt wurden – sei es Philosophie, Dichtkunst, Medizin, Chemie, Astronomie oder Astrologie –, dienen den Menschen bei der Verwirklichung der Puruṣārthas. Der Mensch ist einerseits dem Schicksal, den unbegreifbaren und unbeherrschbaren Gesetzen, unterworfen, anderseits besitzt er den Verstand, *vicakṣaṇa*, und die Willenskraft, *icchāśakti*, mit deren Hilfe er seinem Schicksal entgegentreten kann. So ist der Mensch im Hinduismus weder von vorneherein ein freies Wesen, Herr seines Lebens, noch ist er absolut der Natur ausgesetzt. Alle seine Kenntnisse sollen ihm die Berechenbarkeit der Natur und die Fähigkeit zu ihrer Überwindung verschaffen, damit er seine Ziele erreichen kann. So gesehen ist der indische Geist von Pragmatismus geprägt. *Vāstuśāstra*, die Wissenschaft des Wohnens, vermittelt solche Kenntnisse.

Seit eh und je bauten die Inder ihre Häuser, Tempel, Paläste und Städte nach der Vāstuśāstra. Nachdem Indien unabhängig geworden war, wurde sie für eine kurze Zeit vernachlässigt. Bald darauf geriet sie jedoch wieder zum wichtigen Faktor im Leben der Inder. Man sieht immer wieder, wie in Indien westlich ausgebildete Architekten, die es zum Bachelor oder Master of Architecture gebracht haben, ohne Vāstu-Kenntnisse Häuser oder Wohnungen bauen und verkaufen. Gleich nach dem Einzug erleben die Bewohner einen Misserfolg nach dem anderen, die Familienmitglieder werden ständig krank, sterben plötzlich oder fühlen sich einfach nicht wohl in der Wohnung. Man lässt die Wohnung von einem Vāstu-Experten untersuchen, der mit seinen Vorschlägen die Fehler, insofern sie zu beheben sind, zu korrigieren versucht. Oder er empfiehlt den neuen Bewohnern, die Wohnung dringend zu verlassen und eine andere zu beziehen. So sieht man in Indien oft Häuser, die unbewohnt bleiben oder abgerissen und nach den Vāstu-Regeln neu erbaut werden. Der Einfluss von Vāstu wächst in Indien von Tag zu Tag.

Drei Faktoren werden in der Vāstuśāstra besonders berücksichtigt: *sthala*, das Grundstück, *simhadvāra*, der Eingang, und *nirmāṇa*, die Gestaltung und Richtung der Zimmer.

§ 62 *Sthala, das Grundstück*

Das Grundstück und seine räumliche Lage spielen eine wichtige Rolle in Vāstu. Erst wenn diesbezüglich alles stimmt, werden die anderen Faktoren der Vāstuśāstra erwogen. Bei der Untersuchung des Grundstücks achtet man darauf, ob es quadratisch, rechteckig oder kreisförmig ist. Diese drei Formen werden von Vāstu besonders empfohlen, während drei-, fünf- und sechseckige oder andersförmige Grundstücke erst korrigiert werden müssen, bevor sie für den Bau eines Gebäudes geeignet sind. Doch selbst nach einer Korrektur sind manche Grundstücke nicht geeignet, und man nimmt lieber Abstand von ihnen.

Ein Grundstück ist auch dann nicht geeignet, wenn sich darin Schädel, Knochen, Ameisenhaufen oder Dornenbüsche befinden. Man reinigt es, indem man es gründlich pflügt und eine Kuh mit Kalb eine Zeit lang darauf hält.

Das Pflügen, der Kuhmist und Urin der Kuh reinigen das Grundstück, wodurch es bewohnbar wird. Sollten auf ihm Blüten und Frucht tragende Bäume stehen, die für den Bau ein Hindernis sind, so sollen sie schon vor dem Beginn des Baus gefällt werden und niemals nach der Grundsteinlegung. Das Grundstück soll 500 Meter oder, nach anderen Quellen, 1000 Meter entfernt von einem Friedhof oder einer Verbrennungsstätte liegen und darf sich nicht unmittelbar westlich eines Viṣṇu-Tempels, nicht links eines Tempels einer Furcht erregenden Göttin und nicht gegenüber eines Śiva- oder Virabhadra-Tempels befinden.

Auch die Neigung des Grundstücks spielt eine Rolle. Am Besten ist es, wenn es im Westen und Süden erhöht ist und nach Osten und Norden abfällt. Wenn es in der Mitte erhöht und ringsherum niedrig ist, so sorgt es dafür, dass die auf ihm wohnenden Menschen immer energetisch sind und dass die Geschäfte gedeihen. Ist es dagegen im Osten, Südosten und Nordosten erhöht und hat eine Neigung nach Westen hin, so verursacht es Verlust von Land, Geld, Kindern und Rindern.

Vīdhiśūla ist ein weiterer Faktor bei der Wahl des Grundstücks. *Vīdhi* bedeutet ›Straße‹ und *śūla* ›Speer‹. Vidhisula bezieht sich auf den Fehler, dass eine Straße oder Gasse auf ein Grundstück zulauft und dadurch Gefahren für die Bewohner verursacht. Nach einigen Vāstu-Experten wie Derebail Muralidhar Rao ist nicht jeder Vidhisula gefährlich. Es kommt darauf an, aus welcher Himmelsrichtung die Straße kommt. Nach Sri Raghavendra Vastusudha gibt es jedoch keine Möglichkeit, diesen Fehler zu beheben: Auf einem solchen Grundstück dürfe man kein Haus mehr bauen.

§ 63 *Simhadvāra, der Haupteingang*

Der Haupteingang eines Hauses bzw. einer Wohnung ist der nächstwichtige Faktor im Vāstu. Seine Himmelsrichtung wird entweder nach dem Nakṣatra (siehe § 57) des Hausbesitzers oder nach dem Anfangsbuchstaben seines Namens bestimmt. Man achtet heute in Vāstu zunehmend auf den Anfangsbuchstaben.

Im indischen Alphabet gibt es 53 Buchstaben, die in 8 Gruppen eingeteilt sind. Jede Gruppe entspricht einer Himmelsrichtung. So gehören Menschen, deren Namen mit a, ā, i, ī, u, ū, ṛ, ṝ, e, ē, ai, o, ō, au, am, ah anfangen, zur A-Gruppe, *a-varga*; die, deren Namen mit k, kh, g, gh, ng anfangen, gehören zur K-Gruppe, *ka-varga*; c, ch, j, jh, jn zur C-Gruppe, *ca-varga*; ṭ, ṭh, ḍ, ḍh, ṇ zur ṭa-Gruppe, *ṭa-varga*; t, th, d, dh, n zur Ta-Gruppe, *ta-varga*; p, ph, b, bh, m zur P-Gruppe, *pa-varga*; y, r, l, v zur Y-Gruppe, *ya-varga*; und ś, ṣ, s, h, kṣ zur Ś-Gruppe, *śa-varga*.

Übersicht der Vargas

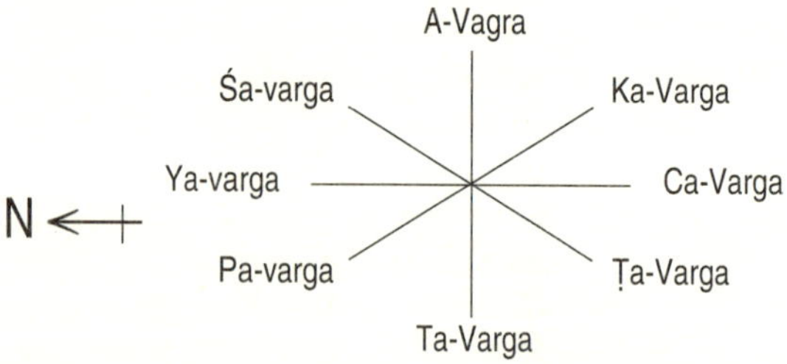

Für die A-Varga-Menschen ist der nördliche Haupteingang der beste – er sorgt dann für Reichtum, Bequemlichkeit und Genuss; wenn er sich im Westen befindet, ergeben sich Freundschaften und Gewinne; befindet er sich im Süden, so verheißt das Erfolg und Gewinn. Andere Himmelsrichtungen sind schädlich. Der östliche Eingang verursacht zum Beispiel Ärger und Feindschaften und der süd-westliche Krankheiten, Angst und Armut.

Für die Ka-Varga-Menschen ist ebenfalls der nördliche Haupteingang der günstige – er verheißt finanzielle Gewinne und Bequemlichkeiten jeder Art; der nord-östliche verspricht dasselbe; der nord-westliche finanzielle Gewinne und Entschlossenheit; der süd-westliche Reichtum und Erfolg in allen Unternehmungen. Andere Himmelsrichtungen sind für sie ungünstig. Der östliche zum Beispiel verursacht Armut und Krankheiten, der südliche Beleidigungen und Verluste.

Auch für die Ca-Varga-Menschen ist der nördliche Haupteingang sehr günstig – er verleiht dem Bewohner bequemes Leben und hohe Gewinne; der östliche verheißt Bequemlichkeiten und Wachstum der Reichtümer und bewirkt, dass der Bewohner seine Verwandten ernährt. Der westliche dagegen führt zur Dominanz der Frauen, obwohl auch er finanzielles Wachstum verspricht. Der südliche ist ungünstig, er verursacht Ärger wegen Feinden und Schulden.

Den ṭa-Varga-Menschen verheißt der süd-östliche Haupteingang Bequemlichkeiten und Gewinne; der nord-westliche sorgt für grenzenlosen Geldzufluss, der südliche ebenfalls noch für finanziellen Gewinn, aber auch für Krankheiten, der westliche für Streitigkeiten und Ausgaben.

Den ta-Varga-Menschen verheißt ein östlicher Haupteingang Wachstum des Besitzes und Ruhm, der südliche Bequemlichkeiten und finanzielle Gewinne, der nördliche viel Geld und grenzenlose Bequemlichkeiten; der westliche dagegen führt zur Dominanz der Frauen und zu

Geldausgaben, der süd-östliche bringt finanzielle Gewinne, aber auch Krankheiten mit sich.

Den Pa-Varga-Menschen bringt der östliche Haupteingang Geld, Bequemlichkeiten und günstige Umstände ein; der süd-östliche sorgt für Macht und dafür, dass der Bewohner seine Verwandten ernährt; der süd-westliche bewirkt finanzielle Gewinne und Gesundheit, der nördliche Erfolg und finanzielle Ausgaben, der nord-westliche dagegen Freiheit der Frauen und Angst vor Feinden.

Den Ya-Varga-Menschen schenkt ein westlicher Haupteingang absoluten Erfolg, auch bei Frauen, sowie Geld; der östliche bringt besonderen Gewinn und Erfolg, der südliche Ruhm und finanzielles Wachstum, der süd-östliche dagegen Armut und Angst, der nord-westliche Angst vor Krankheiten und Rechtsstreitigkeiten.

Den Sa-Varga-Menschen ist der nord-westliche Haupteingang der günstigste – er bringt alle Bequemlichkeiten und Macht über die Frauen mit sich; der westliche sorgt ebenfalls für Bequemlichkeit und führt zu Erfolg bei den Frauen sowie in Geldangelegenheiten; der südliche bringt Geld, Getreide und eine Ehefrau; der östliche dagegen führt zu Streitigkeiten und zur Übermacht der Frauen, der nord-östliche zu Streitigkeiten und Angst vor Feinden.

Das gesamte Haus oder die gesamte Wohnung wird mit einem Menschen, dem *vāstupuruṣa*, verglichen, dessen Gesicht der Eingang ist. Vor Baubeginn muss man genau überlegen, wo der Haupteingang sein soll, da man ihn später nicht mehr verlegen darf. Jede andere Tür im Haus soll etwas schmaler und niedriger als die Haustür sein.

§ 64 *Nirmāṇa, Gestaltung und Ausrichtung der Zimmer*

Die Gestaltung und Ausrichtung der Zimmer ist der drittwichtigste Faktor eines Hauses. Hierfür gilt die Grundregel: Im Osten soll das Badezimmer (die Badestelle) sein, im Südosten die Küche, im Süden das Schlafzimmer, im Südwesten das Waffenzimmer, im Westen das Esszimmer, im Nordwesten der Viehstall, im Norden die Getreidekammer und der Tresor (Kubera, der Finanzier der Götter ist der Hüter dieser Himmelsrichtung) und im Nordosten das Gebetszimmer (Kappagantu, S. 20).

Die Lage der Küche ist beim Bau eines Hauses fast so wichtig wie der Haupteingang. Wenn sie sich nicht im Südosten befindet, kann dies zu Krankheiten, Unruhe in der Familie und Misserfolgen führen. Die Küche muss so liegen, dass sie weder vom Haupteingang aus noch gleich nach dem Aufstehen gesehen werden kann. Sie darf sich auch nicht in der Mitte der Wohnung befinden.

Toiletten sollen sich im Südwesten, Nordwesten oder Südosten befinden. Die beste Stelle für sie ist zwischen dem Süden und Südwesten.

Fehler, die bei einem bereits gebauten Haus oder einer fertig gestellten Wohnung registriert werden, lassen sich durch die Ratschläge eines Experten korrigieren. Als Schutz vor allen Fehlern bei der Gestaltung des Wohnbereiches, *vāstudōṣas*, gibt es Yantras mit Mantras. Ein in diesem Zusammenhang sehr beliebtes Yantra ist das Matsya-Yantra, ›das Fisch-Yantra‹, und das zugehörige Matsya-Gāyatrimantra.

Kapitel XIV
Die Verfeinerungsrituale und das Menschwerden

Die ernsten Glückwünsche und Segen, die die Brahmanen am Ende ihrer Rituale aussprechen, gelten nur den Menschen, die sich zwischen der *setu*, der ›Brücke‹, die Rāma im Tretayuga anlässlich seines Krieges gegen den Dämon Rāvaṇa, den König von Sri Lanka, in Südindien gebaut hat, und dem *himācala*, den Schneebergen des Himalaya, befinden. Nur sie gelten für sie als wahre Menschen. Die anderen, die sich außerhalb dieser Region befinden, werden im Sanskrit wie folgt bezeichnet: *yavana* (abgeleitet von Ionien), ein Ausländer, ein Barbar; *mleccha*, ein Ausländer, ein Barbar, der die Göttersprache Sanskrit nicht versteht; *aprācya*, der Nicht-Östliche, d.h. der aus dem Westen Kommende. Wie bereits erwähnt, ist der Mensch nach dem Hinduismus kein Naturvorkommnis. Die Natur kann nur seine zoologischen Eigenschaften hervorbringen, weshalb er sich die Bezeichnung ›Mensch‹ erst durch seine Lebensführung verdienen muss. Hierbei unterstützen ihn die *samskāras*, die Verfeinerungsrituale, die ihn von der frühesten Phase im Mutterleib an bis zum Tod und darüber hinaus ins Jenseits begleiten.

§ 65 *Rituale für das ungeborene Kind*

Im Hinduismus geht man davon aus, dass Rituale bereits vor der Geburt auf den werdenden Menschen Einfluss nehmen. So ist man der Meinung, dass der Zeitpunkt der

Empfängnis auf den Charakter des Kindes einwirkt. Beischlaf am Tag ist zum Beispiel verboten. Im Epos »Mahabharata« erlaubt Dharmarāja seinem Bruder Bhīma nur tagsüber, mit seiner zweiten Frau Hiḍimbā zusammen zu sein. Und folglich zeigt Ghaṭotkaca, der aus dieser Verbindung hervorgegangene Sohn Hiḍimbās, dämonische Eigenschaften und Kräfte. Nicht nur tagsüber muss man Geschlechtsverkehr vermeiden, sondern auch an den folgenden Tithis: am sechsten, achten, fünfzehnten zunehmenden sowie am vierten und vierzehnten abnehmenden Mondtag (Sri Kamalakara Bhatta, S. 193). Generell wird der Geschlechtsverkehr mit vedischen Riten geregelt; er trägt den Namen *garbhādhana*, ›die Befruchtung‹.

In Indien wünschen sich die Ehepaare, damals wie heute, Söhne. Durch eine vedische Zeremonie, *pumsavana*, sichern sie sich die Erfüllung dieses Wunsches. Diese Zeremonie soll laut den »Grihyasutras« von Gobhila anfangs des dritten Monats der Schwangerschaft stattfinden (Grihyasutras, Teil II, S. 52). Dachten die Inder, dass das Geschlecht des Kindes im dritten Monat festgelegt würde? Auf jeden Fall werden bei diesem Ritual vedische Götter wie Sōma, Varuṇa, Rudra, Agni, Adityas, Maruts und Visvedevas angerufen, auf Kräuter eingeladen bzw. projiziert und der Frau symbolisch durch die Nase eingeführt. Im vierten Monat folgt das Glück verheißende *sīmanta*-Ritual, das die schwangere Frau vor bösen Kräften schützt. Bei dieser Zeremonie zieht der Ehemann seiner Frau einen Scheitel: mit der Borste eines Stachelschweins, drei Darbhagras-Halmen und drei Fikusfrüchten. Diese Zeremonie wird auch heute noch in den orthodoxen Familien gefeiert.

§ 66 *Rituale für das Kind*

Jātakakarma heißt das Geburtsritual, das mit der Entbindung des Kindes anfängt und den Haushalt und die Familie auf die Ankunft des neuen Gastes vorbereiten soll. Der Zeitpunkt der Geburt, definiert durch das Heraustreten des Kopfes aus dem Muttermund, wird schriftlich festgehalten, und anschließend wird ein Horoskop erstellt.

Durch die Geburt eines Kindes werden die Familie und ihre nächsten Verwandten zehn Tage lang unberührbar. Wenn jemand sie berührt, muss er sich daraufhin reinigen und seine Kleidung waschen. Man sieht, dass die Unberührbarkeit, von der man im Westen oft glaubt, sie sei in Indien nur kastenbedingt, auch in anderen Situationen vorkommt: Bei der Geburt eines Kindes und beim Tod eines Menschen werden die ganze Familie und ihre nahe Verwandtschaft, unabhängig von ihrer Kastenzugehörigkeit, zu Unberührbaren; und auch eine Frau wird während ihrer Menstruation wie eine Unberührbare gemieden.

Innerhalb von sechs Monaten wird *nāmakaraṇa*, die ›Namensgebung‹, vollzogen, wobei das Horoskop zu Hilfe genommen wird. Der Name richtet sich nach dem Geburtsstern des Kindes und beginnt mit mehreren bestimmten, diesem Stern zugeordneten Buchstaben.

Bei der *annaprāśana*-Zeremonie, die im sechsten oder siebten Monat gefeiert wird, bekommt das Kind zum ersten Mal feste Nahrung. Es ist der Versuch, das Kind abzustillen und an normales Essen zu gewöhnen. Zudem werden verschiedene Dinge in Reichweite des Kindes auf den Boden gelegt (ein Lehmklumpen, Schmuck, ein Stift, ein Buch, ein Ball usw.), und der oder die Gegenstände, nach denen das Kind greift, werden im Folgenden sein Leben bestimmen.

Bei dem *cūḍākarana* oder *munḍana* im dritten, fünften oder siebten Jahr werden die Haare des Sohnes geschnitten, und er trägt eine Tonsur, welche die geistigen Fähigkeiten fördern soll.

Zwischen dem dritten und fünften Jahr findet die Zeremonie *vidyārambha*, ›der Beginn des Lernens‹, oder *akṣarābhyāsa*, ›die Übung in der Schrift‹, statt, bei der das Kind die Buchstaben des weit verbreiteten Śiva-Mantras *Om Namah Sivaya* auf der Tafel zu malen beginnt.

§ 67 *Upanayana für den Jungen*

Die wichtigste Zeremonie jedoch ist das *upanayana*, ›die Einweihung‹ in die Gāyatri-Meditation, die als zweite Geburt gilt. Da zu dieser Zeremonie traditionsgemäß nur Angehörige der drei oberen Kasten berechtigt waren, galten sie alle als ›Zweimalgeborene‹, *dvijas*. Diese Zeremonie soll nach Manu im fünften Lebensjahr eines Brahmanen für den Brahma-Glanz auf seinem Gesicht, im sechsten Lebensjahr eines Kṣatriyas für die Kraft und im achten Lebensjahr eines Vaiśyas für den materiellen Wohlstand stattfinden (Sri Kamalakara Bhatta, S. 214). Damit scheint das Upanayana jedem Menschentypus bei der Verwirklichung seines Lebensziels zu helfen, weshalb es von den Orthodoxen als wichtiger als jede andere Zeremonie erachtet wird.

Für die Einweihung in das Gāyatrimantra ist der eigene Vater am besten geeignet, der Guru am zweitbesten. Wenn keiner der beiden diese Handlung vollziehen kann, darf der Großvater oder ein Onkel sie übernehmen. Diese Zeremonie gilt als Grundqualifikation für das Studium der Veden und für den Vollzug anderer Riten. Mit dieser Zeremonie beginnt die Studienzeit eines Jungen, der bescheiden bei einem Guru leben soll. Daher enthält sie auch einen Bettelgang um Almosen, die der Junge von seiner Mutter erhält und seinem Guru zusammen mit anderen Gaben weiterschenkt.

§ 68 *Die Hochzeit*

Vivāha, ›die Eheschließung‹, setzt das Upanayana voraus. Einige Autoren halten das Vivāha für die wichtigste Zeremonie, da sie die Menschen auf das Grhasthasrama, die Lebensstufe des Haushalts, führt und da ihr so ein bedeutender gesellschaftlicher Aspekt zukommt. Vivāha findet zwischen Menschen derselben Kaste statt, daher ist es kastenendogen.

Die Dharmaśastras kennen acht Formen von Eheschließungen. Darunter ist das *paiśācaka*, (*piśāca* = ›ein Gespenst‹), das besagt, dass die Frau vorher durch ein Rauschmittel oder etwas Ähnliches bewusstlos gemacht, dann sexuell missbraucht und schließlich rituell mit dem Täter verheiratet wird. In dem *rākṣasa* wird die Frau gegen ihren Willen entführt und unter Gewaltanwendung mit dem Entführer verheiratet. Diese Ehen erhalten ihre Gültigkeit nur durch die vollzogenen Zeremonien, nicht durch die ausgeübte Gewalt. Für diese beiden Formen der Eheschließung gibt es Beispiele in der Mythologie, die dazu dienen, ihre schlechten Folgen zu demonstrieren.

Gandharva ist eine Liebesehe. Eine Frau und ein Mann verlieben sich und vollziehen den Koitus, der eigentlich der Eheschließung folgen soll. Wird die Ehe nach dem Koitus geschlossen, so spricht man von *gandharva-vivāha*. Der König Duṣyanta und die Eremitentochter Śakuntala lieben sich – in Kalidasas Drama – vor der Eheschließung, worauf ihr Dusyanta verspricht, bald wiederzukommen und sie in seinen Palast zu holen und nach den Riten zu heiraten. Er tut es aber nicht, und die entehrte Sakuntala versinkt in Trauer. Ähnlich enden viele Erzählungen in der Mythologie und Literatur, wodurch vor Gandharva-Ehen gewarnt werden soll. So ist es kein Wunder, dass in Indien Liebesehen in der Regel nicht gern gesehen werden. In der Sanskrit-Literatur heißt es, wenn ein Mann und eine Frau sich voneinander angezogen fühlen, auch nicht, dass sie sich lieben, sondern dass sie *mōha*, ›Betörung‹, empfinden. Liebe oder *anurāga* kann sich erst mit der Zeit entwickeln – nach der Zeugung der Kinder und in der Erfüllung der Gṛhastha-Pflichten.

In der *asura-* und *prajāpatya-*Form der Eheschließung erhielt der Bräutigam eine Mitgift von den Eltern der Braut. Daher waren sie keine angesehenen Formen.

Die letzten drei Formen, *ārṣa*, *daiva* und *brāhmi*, sind die angesehensten und die idealen Formen der Eheschließung. Sie sind als rituelle Befreiung der Braut von ihren Eltern zu verstehen. Eine Ārṣa-Hochzeit wird wie ein Yajña betrachtet; der Bräutigam macht seinem Schwiegervater als Gegenleistung für die erhaltene Tochter Geschenke. In der Daiva-Form, die auch wie ein Yajña gefeiert wird, schenkt ein Vater dem Priester, in diesem Fall also dem Bräutigam, seine Tochter als Gegenleistung für das Abhalten des Ritus. In der Brāhmi-Form wird die Braut von ihrem Vater dem Bräutigam, den er gewählt hat, geschenkt, was als das wertvollste Geschenk, *kanyādāna*, gilt.

Wie viel Freiheit hatten und haben nun die Frauen bei der Wahl des Bräutigams und ihrer Hochzeit? In der Mythologie und in der Geschichte gibt es einige Beispiele für *svayamvara*, ›die eigene Wahl‹, bei der Mädchen, meistens Prinzessinnen, ihren Mann vor der Öffentlichkeit ausgewählt haben. In der Praxis jedoch sind in der Regel sie die Gewählten. Betrachtet man alle erwähnten Formen der Eheschließung, so scheint die heute übliche Form einer Mischung aus allen früheren zu sein.

Zwar hört man heute kaum noch von Paiśacaka- und Rākṣasa-Ehen, aber eine gewisse Art von Gewalt wird dennoch auf das Mädchen ausgeübt, indem man es einem Wildfremden anvertraut. Der Gandharva-Ehe gegenüber sind die Inder misstrauisch. Ein Teil der nicht angesehenen Asura-Form ist bei fast jeder indischen Hochzeit in der Form der Mitgift wiederzufinden, und jede Hochzeit trägt den Namen *kanyādāna*, ›Mädchengeschenk‹, und wird als solche gefeiert.

Kurz nachdem Indien unabhängig geworden war (1947), herrschte in Nehrus sozialistisch geprägter Gesellschaft eine Abneigung gegen die Traditionen und darunter auch gegen die traditionelle Eheschließung. Liebesehen und Ehen zwischen Angehörigen verschiedener Kasten gewannen große Aufmerksamkeit. Viele Männer aus den oberen Kasten heirateten Frauen aus niederen Kasten oder Prostituierte, um sie aus ihrer Misere zu befreien und gegen die konservative Gesellschaft zu protestieren. Mit der Zeit jedoch flaute die Begeisterung ab, und die Männer besannen sich auf die Traditionen.

Die Verbreitung der liberalen, demokratischen Werte der indischen Verfassung trug in den letzten Jahrzehnten erheblich zur Lockerung der Hochzeitsbräuche bei. Heute tendieren junge Inder und Inderinnen bewusst dazu, ihre Ehe von ihren Eltern arrangieren zu lassen, möchten aber ihren Partner bzw. ihre Partnerin einige Monate vor der Hochzeit kennen lernen, um wenigstens das Gefühl zu haben, es sei doch eine Liebesehe, die ihre Eltern für sie angebahnt haben.

§ 69 *Die Riten des Abschieds*

Antyeṣṭi, ›die Todesrituale‹, sind die Rituale eines Menschen, die ihn ins Jenseits begleiten. Der Zeitpunkt und der Ort des Sterbens haben günstige oder ungünstige Wirkung auf die weitere Reise der Seele. So verspricht der Tod während der *uttarāyaṇa*, ›der nördlichen Reise der Sonne‹ (in den sechs Monaten des Jahres, in denen die Sonne sich über der nördlichen Hemisphäre befindet), dem Sterbenden eine göttliche Reise. Ebenso sind einige Tithis günstig und andere so ungünstig, dass nach dem Tod eines Menschen die Hinterbliebenen das Haus, in dem er starb, für drei, sechs oder zwölf Monate oder sogar für immer verlassen müssen.

Ein Mensch, der sein Leben sittsam nach den religiösen Regeln geführt hat, ist Herr über den Zeitpunkt und den Ort seines Tods. Man hört oder liest oft, dass berühmte Mönche oder auch andere Menschen den Tag ihres Todes vorher ankündigen. Ähnliches gilt für den Ort. Einige möchten an einem Pilgerort wie Varanasi sterben oder beim Sterben ein paar Tropfen Gangeswasser trinken.

Die Todesrituale haben drei Ziele: 1. Bestattung der Leiche; 2. Befreiung der Seele von ihren diesseitigen Bindungen; und 3. das Abschiednehmen der Verwandten von der Seele des Verstorbenen. Alle Rituale dauern zwischen 13 und 17 Tage nach dem Tod an. Sie werden im ersten Jahr nach dem Tod jeden Monat einmal abgehalten und ab dem zwölften Monat einmal jährlich.

Nach dem Tod wird die Leiche innerhalb von 24 Stunden an der Verbrennungsstätte auf einem Scheiterhaufen verbrannt, wofür der älteste Sohn verantwortlich ist. Die Asche und die Knochen werden gesammelt und später auf einem Fluss, am besten dem Ganges, verstreut. An den darauf folgenden Tagen kehrt der älteste Sohn mit den Priestern an den Ort, an dem die Asche verstreut wurde, zurück und vollzieht die weiteren Riten, bei denen der Seele des Verstorbenen Essen und Wasser angeboten wird. Man glaubt, dass die Seele zehn Tage lang um das Haus und die Verbrennungsstätte wandert. Am letzten Tag wird die Seele, die real in Form einer Krähe um das Haus herumfliegt, mit Reisbällchen gefüttert, und die Hinterbliebenen versprechen ihr dabei, ihren letzten Wunsch zu erfüllen (vgl. Gunturu, »Das verwelkte Nest«, Kapitel 7, 8 und 9).

Kapitel XV
Die Heiligen und die Wahrheit der Religion

Der Hinduismus besteht, wie viele andere Religionen, aus Thesen, die der Gläubige glaubt und nach denen er sich in seinem Leben richtet. Normalerweise wird ein Mensch sie unter besonderen Umständen in Frage stellen und wird wissen wollen, ob diese Thesen auch wahr sind. Wenn etwa sein Kind stirbt, fragt er sich, ob die Lehre der Wiedergeburt stimmt; wenn er an unheilbaren Krankheiten leidet, will er wissen, ob die Taten seiner vergangenen Leben ihre Ursache sind; und angesichts der weit verbreiteten Ungerechtigkeit fragt er sich, ob es wirklich eine göttliche Gerechtigkeit gibt. Das sind alles Fragen, die kein Experte, kein Universitätsprofessor, der die Religion in eine Broterwerbskunst verwandelt hat, beantworten kann.

Man kann diese Thesen anhand des Lebens der Heiligen überprüfen und dabei feststellen, ob sie irgendeinen Wahrheitsgehalt besitzen. Dieser Ansatz wäre Thema für ein umfassendes Forschungsprojekt und wird daher im Folgenden nur kurz angeschnitten.

Die Vielzahl der Götter im Hinduismus ist verwirrend, und das nicht nur für einen Europäer: Selbst die Hindus haben manchmal Schwierigkeiten damit und mit dem alles überragenden abstrakten Prinzip ›Brahman‹. Einmal fragte Shama seinen Guru, Shirdi Sai Baba, ob es wahr sei, dass es Rāma, Kṛṣṇa, Śiva und andere Götter gäbe. Shirdi Sai Baba († 1918) lebte als Mönch in einem rückständigen Dorf in einer heruntergekommenen Moschee. Er schenkte Shama die Vision von diesen Göttern und sprach: »Unser

Ziel liegt hinter allen diesen Göttern.« Vielen seiner Anhänger gab Shirdi Sai Baba die Vision von Dattatreya, Hanumān, Vitthal und anderen Göttern.

§ 70 *Die Heiligen und die Wiedergeburt*

Die gesamte Hindu-Ethik setzt die Lehre der Wiedergeburt voraus, die nur schwer zu beweisen oder zu widerlegen ist. Einen Beweis sehen wir in der Lebensgeschichte des Heiligen Swami Samartha († 1877). Einmal besuchte ihn ein Ölhändler mit seinen Kindern und erklärte, er sei sehr arm und könne seine Kinder nicht ernähren. Zur selben Zeit besuchte ihn auch ein kinderloses Ehepaar aus Konkan, da die Ehefrau sich Kinder wünschte und den Segen des Heiligen haben wollte. Der Heilige rief sie mit dem Namen aus ihrem vergangenen Leben und sagte: »Rimbe! Dieser Ölhändler war dein Mann in deinem vergangenen Leben. Damals hattest du drei Kinder, und er ernährt sie jetzt. Nehmt ihn mit euch!« In dem Augenblick erinnerten sich alle an ihr vergangenes Leben, die Kinder rannten zu ihrer Mutter, die aus Scham ihren Kopf senkte. Der Heilige sagte weiter zu ihr: »Geh mit dem Ölhändler zu seinem Haus. Im Westen dieses Hauses hast du damals unter einem bunten Stock viel Geld gehortet. Nimm es heraus und gib es dem Händler. Dann kriegst du Kinder!« (Ekkirala, S. 83). Das Ehepaar tat es, fand das Geld und bekam Kinder. Der Heilige hatte ihnen in jenem Augenblick Kenntnisse über ihr vergangenes Leben geschenkt. – Die Lebensgeschichten von Heiligen wimmeln von solchen Beispielen.

§ 71 *Die Heiligen und die Advaita-Erfahrung*

Die heiligen Schriften der Hindus behaupten *aham Brahma asmi* – ›ich bin Brahma‹; *tat tvam asi* – ›du bist es [d. h. Gott]‹; oder *Sivoham* – ›ich bin Śiva‹. Demnach besteht kein Unterschied zwischen Gott, der höchsten Seele, und dem Individuum. Oft wird dem jetzigen Sai Baba von unerfahrenen westlichen Menschen vorgeworfen, er behaupte, er sei Gott. Diese Leute wissen nicht, dass Sai Babas Behauptung auf den heiligen Schriften und deren Weisheit beruht. Was sie auch nicht wissen, ist, dass Sai Baba auch zu allen seinen Besuchern sagt, auch sie seien Götter! Wie soll man diese Behauptung prüfen? An einer Universität kann man, wenn man Glück hat, die Argumente, die solch eine These untermauern, und die Gegenargumente kennen lernen. Doch nur die Erfahrung kann sie schließlich beweisen oder widerlegen, und diese Erfahrung ist bei den Heiligen zu finden.

§ 72 *Die Heiligen als die Götter*

Die Heiligen erscheinen ihren Anhängern als Götter, als Rāma, Kṛṣṇa, Śiva oder Kali. Shirdi Sai Baba erschien seinen Anhängern mehrmals als Dattatreya, Hanumān und Śiva. Einmal erschien Swami Samartha einem Besucher als der vierarmige Kṛṣṇa, woraufhin sich der glückliche Besucher ihm zu Füßen warf. Als er nach einer Weile wieder aufstand, sah er auf dem Platz, an dem er vorher Kṛṣṇa gesehen hatte, wieder den Heiligen, nun mit einem Lächeln, stehen. Aber seine goldenen Ohrringe hatten sich in Stein verwandelt, als ob der Heilige dem Besucher sagen wollte, dass seine Vision von Kṛṣṇa keine Illusion gewesen sei (Ekkirala, S. 111).

Patanjalis »Yōgasutras« enthalten viele fantastische Behauptungen über übersinnliche Kräfte, zum Beispiel die, unsichtbar zu werden, den Körper sehr klein oder groß werden zu lassen, die Kraft zur Materialisierung oder zum Verschwindenlassen von Gegenständen, die Kraft, die Stärke von Elefanten zu besitzen, Gedankenübertragung, Allwissenheit, Allgegenwärtigkeit usw. Man fragt sich, ob all das heute nicht unter den Begriff *Sciencefiction* fallen würde. Aber es sind wieder die Heiligen, in deren Leben wir die Bewahrheitung dieser Behauptungen finden. Beherrschung der Naturkräfte ist eines der häufigsten Wunder, mit denen die Heiligen ihre Besucher beglücken. Daher sagen sie, diese Wunder seien Reklame für Gott und die Religion.

Kapitel XVI
Sekten und Gurus in Deutschland

Oft werden die Wörter ›Sekte‹ und ›Guru‹ in herabsetzendem Ton gebraucht. In Deutschland werden die Aktivitäten der ›Sekten‹ beobachtet, und es gibt ›Sektenbeauftragte‹. Lernt man aber die so genannten ›Sekten‹ selbst kennen, muss man feststellen, dass die Ängste der Menschen in den meisten Fällen unbegründet sind. Wenn sich eine religiöse Gruppierung aus dem Christentum abspaltet, ist man besser gewappnet, ihr zu begegnen, d. h. die Mainstream-Religion von der Abzweigung zu unterscheiden. Einer Gruppierung, die von einer fremden Religion wie dem Hinduismus abstammt, scheinen die meisten Menschen jedoch hilflos gegenüberzustehen. Die Gründe dafür liegen auf der Hand: Der Hinduismus ist schwierig zu beschreiben, geschweige denn zu definieren, und verfügt leider nicht nur über einen einzigen Gott, den man als sein wesentliches Kennzeichen betrachten könnte.

Im Namen des Hinduismus werden Meditationen, Musik, Tanz, Gymnastik, Kochkurse und alles Mögliche angeboten. Da möchte man natürlich gerne wissen, welche dieser Phänomene wirklich dem authentischen Hinduismus angehören und welche bloß als Einnahmequellen der Riesenindustrie ›Esoterik‹ zu betrachten sind. Diese Situation wird zunehmend wirrer, da heute auch die christlichen Kirchen in ihrer Sorge, Christen an fremde Religionen zu verlieren, religiöse Formen des Hinduismus oder Buddhismus – Meditationen, Yōga oder andere Seminare – anbieten.

Indessen sind Konturen des traditionellen Hinduismus klar zu erkennen. Der Hinduismus hat seine heiligen Schriften, und sie schreiben eine deutlich formulierte Lebensführung vor. Zu den heiligen Schriften zählen die Veden, die Upaniṣaden, die Brahmasutras und die Bhagavadgita. Der Hinduismus fordert von den Menschen die vierstufige Lebensführung. Sobald eine Gruppierung diese Kriterien erfüllt, steht sie in der Tradition des Hinduismus.

Vor diesem Hintergrund sollen im Folgenden einige Gurus und Strömungen betrachtet werden.

§ 73 *Rāmakṛṣṇas Vedānta-Zentren*

Rāmakṛṣṇa Paramahamsa (1836–1886) und sein berühmter Schüler Vivekananda (1863–1902) gehören zu den frühesten indischen Gurus, die im Westen und in Deutschland bekannt geworden sind. Vivekanandas viel bejubelte Teilnahme am Parlament der Religionen im Jahre 1893 in Chicago zog viele westliche Menschen zu ihm hin, die sich ernsthaft mit dem Hinduismus auseinander setzen wollten. Vivekananda gründete 1897 die »Rāmakṛṣṇa Mission« mit spirituellen und sozialen Zielen. Sie verbreitete sich mit der Zeit in ganz Indien und übernahm eine wichtige Rolle in der Gesellschaft. Sie verfügt zudem über Zentren in Europa und in den USA.

Rāmakṛṣṇa stand auf dem festen Boden von Śankaras Advaitavedānta (siehe § 44), und sein Schüler Vivekananda bezeichnete seine Philosophie selbst als »Vedānta«. Er aktivierte einen längst in Vergessenheit geratenen und zum Ritus gewordenen sozialen Aspekt des Hinduismus, den Dienst an der Gesellschaft, der für ihn genauso im Vordergrund stand wie die spirituelle Dimension. Seiner Diagnose nach hatte Indien jahrhundertelang den materiellen Aspekt vernachlässigt und sich zu sehr auf den Geist konzentriert; im Westen sei jedoch das Umgekehrte geschehen, indem die Spiritualität verloren gegangen sei. In der Gegenwart bräuchten sie sich gegenseitig, um ihre jeweiligen Defizite auszugleichen. Die Anhänger dieser Zentren überall in der Welt sind seriös und interessieren sich für die wahre Spiritualität.

§ 74 *Ramana Maharshi*

Ramana Maharshi (1879–1950) aus der südindischen Stadt Tiruvannamalai ist ein anderer Guru, der sehr bekannt ist, wenn er auch keine organisierten Anhänger in Deutschland hat. Er steht in der Advaitavedānta-Tradition Indiens. Sein authentischer Weg lässt sich als Jnānamārga bezeichnen. Er fordert die Menschen auf, nach der Antwort auf die Fragen »Wer bin ich?« und »Wer ist der Fragende?« zu forschen.

§ 75 *Satya Sai Baba*

Einer der populärsten Gurus in Deutschland ist Satya Sai Baba von Puttaparti (geboren 1926). Es herrschen viele Vorurteile über ihn, jedoch nur, weil man sich keine Mühe macht, seine Werke zu lesen. Seiner eigenen Aussage nach vertritt er das *sanātanadharma*, wie die traditionellen Hindus ihre Religion bezeichnen, und auch er hängt der philosophischen Richtung des Advaitavedānta an. Sein

Ziel ist, die vom Verschwinden bedrohten indischen religiösen Traditionen aufrechtzuerhalten und der Gesellschaft zu dienen. Zu diesem Zweck hat er Schulen gegründet, Krankenhäuser bauen lassen und Trinkwasserprojekte in Indien finanziert, und das mit den Spenden, die er von seinen Anhängern erhält.

Sai Baba ist einer der besten Interpreten der philosophischen Texte Indiens. Seine Anhänger in Deutschland treffen sich immer donnerstags und singen Lobgesänge auf die Götter der verschiedenen Religionen.

§ 76 *Paramahamsa Yogananda und das Kriya-Yōga*

Paramahamsa Yogananda (1893–1952) genießt eine große Popularität in Deutschland. Ihm zufolge wurde das Kriya-Yōga, die Vereinigung mit dem Absoluten durch das ›Tun‹, in der Neuzeit von Lahari Mahasaya in Indien verbreitet; gegründet worden wäre es jedoch schon von Kṛṣṇa in der Bhagavadgīta, und Patanjali hätte das Kriya-Yōga bereits in seinen »Yōgasutras« erwähnt.

Im Kriya-Yōga, einer Meditationstechnik, achtet der Meditierende auf seinen Atem und auf die sechs Kraftzentren, Cakras, im Körper (siehe § 22). Das Kriya-Yōga vitalisiert die Körperzellen mit Sauerstoff und aktiviert die Lebenskraft, die wiederum den Prozess der Evolution beschleunigt (Sri Paramahamsa Yōgananda, S. 235–245). Das Kriya-Yōga von Paramahamsa Yōgananda ist nüchtern, kommt ohne die Romantik des Orients aus und bietet, genauso wie ein Rāmakṛṣṇa-Zentrum, wenig Möglichkeiten zur ›Unterhaltung‹.

Allen oben genannten Gurus ist vor allem eines gemeinsam: Den von ihnen und vom Hinduismus faszinierten europäischen Anhängern schlagen sie nie vor, Hindu zu werden. *Sie raten ihnen sogar davon ab.* Das muss jenen Vertretern der christlichen Kirchen rätselhaft vorkommen, die missionierend Angehörige anderer Religionen mit großer Mühe zur Konversion zu bewegen versuchen.

Während des Vietnamkrieges und der daraus resultierenden Sinnkrise wurden insbesondere zwei Gurus im Westen populär. Der eine war Bhaktivedānta Swami Prabhupada (1896–1977) und der andere ist Maharshi Mahesh Yogi.

§ 77 *ISKCON*

Aus Indien kommend, gründete Swami Prabhupada, ein Viṣṇu-Anhänger, im Jahre 1966 in den USA die ISKCON, die Internationale Gesellschaft für Kṛṣṇa-Bewusstsein, und kommentierte in diesem Zusammenhang viele heilige Schriften des Hinduismus. Die ISKCON wurde bald zu einer weltweiten Bewegung und fand ihre Anhänger auch in Deutschland, wo sie unglücklicherweise oft als ›Sekte‹ herabgewürdigt wird. Sie steht jedoch in der großen geistigen Strömung der Bhakti (siehe Kap. VII) und bekennt sich zu den Veden und der vierstufigen Teilung des Lebens in Brahmacarya, Gṛhastha, Vanaprastha und Sannyāsa (siehe § 59).

Ihre Anhänger zeigen allerdings in gewissem Sinn zwei Schwächen: Sie leben einerseits abgeschieden von dem deutschen Alltag wie in einer Subkultur und tendieren anderseits dazu, Menschen zu missionieren.

§ 78 *Transzendentale Meditation*

Maharshi Mahesh Yogi, der auch in Śankarācāryas Tradition steht, brachte die »Transzendentale Meditation« (abgekürzt »T.M.«) in den Westen und machte sie mit Hilfe seiner Schüler, zum Teil angesehene Wissenschaftler, sehr populär. Sie besteht aus einer einfachen, leicht beherrschbaren Technik – ohne Drum und Dran. Der Meditierende praktiziert sie zweimal täglich zwanzig Minuten lang und erlebt, wie Stress abgebaut und innere Ruhe hergestellt wird.

T.M. verlangt kein religiöses Bekenntnis. Angehörige verschiedener Religionen können sie, ohne sich bekehren lassen zu müssen, üben. Das Meditationsmantra, das vom Meditierenden geheim gehalten werden muss, ist jedoch von Mensch zu Mensch, je nach seiner Religion und Psyche, anders.

Sivananda-Yōga-Zentren sind überwiegend Schulen, die Yōga unterrichten und Yōgalehrer ausbilden. Sie vermitteln in einer authentischen – obschon abgemilderten – Form des Hinduismus seine Feste und Rituale in Deutschland und sehen darin, anders als viele Yōgaschulen, nicht in erster Linie eine Einnahmequelle.

Eine ernste Auseinandersetzung mit diesen Gurus und ihrer Philosophie hat in Deutschland wegen der Abneigung gegen das Fremdländische bisher nicht stattgefunden. So werden sie im besten Fall nur ›toleriert‹.

Kapitel XVI
Erläuterung hinduistischer Merkmale und Begriffe

Man kann Hindus an gewissen äußeren Merkmalen erkennen, die jedoch, wie es mit den meisten Merkmalen ist, nicht unbedingt etwas über die innere Überzeugung aussagen müssen. Doch eines steht fest: Der Träger dieser Merkmale mochte gerne als Hindu gelten. Europäer wissen oft nicht, was diese Merkmale bedeuten.

§ 79 *Die Merkmale*

Der rote Punkt

Der rote Punkt wird meistens von Frauen auf der Stirn getragen. Bei einer Frau besagt er, dass sie nicht verwitwet ist. Er wird also gleichermaßen von Mädchen und Frauen, ob verheiratet oder unverheiratet, getragen.

Das rote Pulver wird aus Gelbwurz hergestellt; beide, sowohl der Punkt als auch die Pflanze – als auch beide Farben – gelten bei den Hindus als Glück verheißend. Das rote und das gelbe Pulver sind auch wichtige Bestandteile der Zeremonien, mit denen Götterstatuen oder -bilder verehrt werden. Dabei werden überwiegend auf die Stirn, oft aber auch auf die Füße und auf verschiedene Körperglieder der Götter mit dem roten Pulver Punkte gemalt. Manchmal, bei besonderen Ritualen der Göttinnen, wird das rote Pulver anstelle von Blüten verwendet.

Der rote Punkt wird auch von gläubigen Männern auf der Stirn getragen.

Mit dem roten Pulver und mit Gelbwurz werden ferner die Türschwellen von Häusern und Tempeln sowie Altäre bemalt.

Striche auf der Stirn

Von Viṣṇu- und Śiva-Anhängern werden Striche auf der Stirn getragen. Bei Vaiṣṇavas laufen sie senkrecht von den Augenbrauen nach oben bis zum Haaransatz. Sie bestehen aus Sandalpaste oder aus Lehm, den die Gläubigen aus Brindavan (im Bundesstaat Uttar Pradesh) mitgebracht haben.

Wenn es nur zwei Striche sind, heißt es, dass sie an die Dualität, dass Gott und der Mensch zwei verschiedene Wesenheiten sind, glauben (zum Beispiel Dvaita von Caitanya). Drei Striche hingegen bedeuten, dass die Träger an eine Art von Nicht-Dualität (Viśiṣṭhādvaita von Rāmānuja) glauben – Gott, Mensch und die Welt sind irgendwie eins, aber jeder hat seine Identität, die niemals verloren geht.

Sind die Striche aus Asche und laufen parallel von einem Ende der Stirn zum anderen, so ist es das Zeichen eines Śiva-Anhängers. Es gibt jedoch viele vedische Brahmanen, die nicht unbedingt im strengen Sinn Śiva-Anhänger sind und trotzdem die parallelen Striche tragen.

Yajñōpavīta

Yajñōpavīta, die heilige Schnur, tragen in der Regel Angehörige der drei oberen Kasten. Aber sie wird traditionell auch von Angehörigen einiger anderen Kasten – und heute wegen der vielen Reformbewegungen zunehmend unabhängig von der Kastenangehörigkeit – getragen. Man erhält sie bei der Einweihung in das Gāyatrimantra, und auf sie werden dabei alle Götter eingeladen (bzw. projiziert).

Japamāla

Japamāla ist eine Art Rosenkranz, den die Hindus bei ihrer Meditation verwenden. Die Perlen der Japamāla bestehen aus Tulasi-Holz bei den Vaiṣṇavas und aus Rudrākṣa, Bergkristall, bei den anderen Gläubigen. Es sind in der Regel insgesamt 108 Stück.

Mangalasūtra

Mangalasūtra, ›die Glück verheißende Kette‹, wird von verheirateten Frauen getragen. Der Ehemann legt sie seiner Frau bei der Eheschließung um den Hals. Beim Tod des Mannes legt die Frau die Mangalasūtra ab.

§ 80 *Die Begriffe bei den Zeremonien*

UCCHĀṬANA, ›Vertreibung‹, ist der erste Schritt bei allen Zeremonien. Durch das Aussprechen von Mantras werden die bösen Geister oder schlechten Einflüsse vertrieben. Erst danach darf man die eigentliche Zeremonie beginnen.

ĀCAMANA ist der rituelle Verzehr von Wasser, um sich innerlich zu reinigen und die Götter glücklich zu stimmen.

ARGHYA ist eine verehrungsvolle Gabe des Gläubigen an die Götter, eine Opfergabe.

Beim ABHIṢEKA wird eine Gottesstatue rituell gewaschen, wozu vedische Hymnen gesungen werden. Ein berühmtes Beispiel dafür ist das Rudrabhiseka für Śiva.

PŪJA ist die rituelle Verehrung Gottes, bei der Gott wie ein Mensch eingeladen, gewaschen, gekleidet, gespeist, gefächert und geschaukelt wird. Das Pūja vollzieht sich innerlich, indem der Gläubige alle diese Schritte in seiner Vorstellung durchführt, oder äußerlich, indem er sie tatsächlich tut. Es kann aus fünf oder sechzehn Schritten bestehen.

Im PRAYASCHITTA-Ritual büßt der Gläubige für eine unterlassene religiöse Pflicht oder eine begangene Sünde. Er stellt seine vorherige Stellung in der religiösen Hierarchie wieder her.

NAIVEDYAM ist die Speise und bzw. oder das Obst, das man Gott bei der Verehrung anbietet. Jede Zeremonie schreibt ein bestimmtes Naivedyam vor, und auch von Gott zu Gott wird Unterschiedliches gefordert.

NIRĀJANAM ist die Kampferflamme, die nach dem Naivedyam um Gott geschwenkt wird. Sie sorgt dafür, dass die bösen Blicke der Menschen dem schönen Gesicht Gottes nicht schaden können.

Bei Naivedyam und Nīrājanam werden die Glocken geläutet und die Muschel geblasen. Das sorgt dafür, dass die bösen Geister vertrieben werden und dass es Himmelssegen auf die Gläubigen regnet.

PRASĀDA, ›Gnade Gottes‹, heißen die angebotenen Speisen oder Früchte, die nach der Verehrungszeremonie übrig bleiben. Sie gelten als besonders wertvoll und werden am Ende jeder Zeremonie an die Gläubigen verteilt.

CARAṆĀMṚTA oder *tīrtha* ist das Wasser, mit dem der Priester oder der Gläubige die Füße oder den ganzen Körper Gottes gewaschen hat. Es wird von den Gläubigen getrunken, um den ›unzeitlichen‹ – d. h. unvorhergesehenen – Tod zu vermeiden.

Schlusswort

§ 81 *Ein Hindu zu sein bedeutet, Angehöriger jeder Religion zu sein*

Der ṛgvedische Spruch *ekam sat viprah bahuda vadanti* – ›Wahrheit ist eins, Gelehrte beschreiben sie verschieden‹ – bildet das Fundament des Hinduismus und formt seinen toleranten Geist. Dieses Fundament hat dafür gesorgt, dass der Hinduismus sich frei entfalten und verschiedene philosophische Gedanken in sich vereinigen konnte. Das sieht man an den verschiedenen Strömungen, die über die Jahrhunderte entstanden und heute noch aktiv sind. So sieht man unter seinen Anhängern solche, die an den Dualismus von Gott und seiner Schöpfung glauben, solche, die an die Identität von beiden glauben, und solche, die meinen, sie seien zwar identisch, aber auch irgendwie verschieden. Es gibt solche, die Gott in unbeschreibbarer Form verehren und ihn für unbenennbar halten. Es gibt solche, die Tiere, Flüsse, Steine oder Pflanzen verehren.

Jede Religion in dieser Welt wird von einer dieser geistigen Auffassungen von Gott oder von einer dieser Verehrungsformen bestimmt. So ist im Hinduismus der Grundgedanke des Christentums oder des Islams enthalten oder der Animismus eines amerikanischen Indianers oder eines Afrikaners. Daher bedeutet ein Hindu zu sein, ein Angehöriger jeder Religion zu sein. Umgekehrt ist es leider nicht wahr.

SARVE JANĀH SUKHINŌ BHAVANTU!

Literatur

Quellen:

Brihatstotra Ratnakarah. Madras u.a.: Balasarasvati Book Depot 1989.
Sri Dattatreya Sahasra Namavali. Prakasan: Jay Hind [o.J.].
Sri Durga Sahasra Namastotram. Hyderabad: Sri Rama Publishers 1989.
Sri Gayatri Sahasranama Stotram. Madras: Balasaraswati Book Depot 1987.
Lalita Sahasranama Stotram. Madras: Balasarasvati Book Depot 1987.
Lalitopakhyanam. [Verlag, Ort, Jahr unbekannt].
Rigveda Sandhyavandanam. Madras: Balasarasvati Book Depot 1988.
Sri Saraswati Sahasranama Stotram. Rajamandri: Sri Sitarama Book Depot 1987.
Sri Sivasahasranama Stotram. Madras: Balasarsvati Book Depot 1990.
Vishnu Sahasranamamulu Rajamandri: Sitarama Book Depot 1982.
Yajurveda Sandhyavandanamu. Hyderabad: Shri Rama Publishers [o.J.].

Sekundärliteratur:

Aiyangar, Narayan: *Ancient Hindu Mythology*. New Delhi: Deep & Deep Publications 1983.
Basham, A. L.: *The origins and devolopment of classical Hinduism*. Boston: Beacon Press 1989.
Basham, A. L.: *A Wonder that was India*. Calcutta u.a.: Rupa & Co 1990.
Baumann, C. Peter u. Christian Hachbart-Johnson: *Hinduismus*. Religionspädagogisches Seminar der Diözese Regensburg.
Bhatta, Sri Kamalakara: *Nirnayasindhuh*. Hyderabad: Sri Rama Publishers 1986.
Bharadwaja, Ekkirala (Übers.): *Sri Gurucarita*. Ongole: Sri Gurupaduka Publications 1988.
–: *Sri Svami Samartha*. Ongole: Sai Master Publications 1986.
Bhargava, P.L.: *Fundamentals of Hinduisms. A rational analysis*. New Delhi: Munshiram Manoharlal Publishers Pvt. Ltd. 1982.

Derebail, Muralidhar Rao: *Hidden Treasures of Vastu Shilpa Shastra and Indian Traditions.* Bangalore: S.B.S. Publishers Distributors 1996.
Chatterjee, S. and Datta, D.: *An Introduction to Indian Philosophy.* University of Calcutta 1954.
Dasgupta, Surendranath: *A history of Indian Philosophy.* Bd. I – V. Delhi u.a.: Motilal Banarsidass 1988.
Dowson, John: *A classical Dictionary of Hindu mythology and religion.* Calcutta u.a.: Rupa Paperbacks 1989.
Dubois, Abbé J. A.: *Hindu Manners, Customs and Ceremonies.* Delhi: Book Faith India 1999.
Dvivedi, M. N.: *The Yoga-Sutras of Patanjali.* Delhi: Sri Satguru Publications 1992.
Freud, Sigmund: *Der Mann Moses und die monotheistische Religion.* Frankfurt am Main: Fischer Taschenbuch Verlag 1975.
Gambhirananda, Swami: *The Apostles of Shri Ramakrishna.* Calcutta: Advaita Ashrama 1982.
Gandhi, M. K.: *Hindu Dharma.* New Delhi u.a.: Orient Paperbacks 1995.
Gandhi, M. K.: *An Autobiography or the Story of my Experiments with Truth.* Ahmedabad: Navajivan Publishing House 1990.
Gaud, Ramdas: *Hindutva (Hindu dharmakosh).* Varanasi: Jnanmandal Ltd. 1993.
Geldner, Karl Friedrich: *Der Rig-Veda- aus dem Sanskrit ins Deutsch übersetzt* Teil I & II (Harvard Oriental Series Bd. XXXIV). Harvard University Press 1951.
Glasenapp, Helmuth von: *Die fünf Weltreligionen.* München: Eugen Diederichs Verlag 1996.
Gunturu, Vanamali: *Mahatma Gandhi: Leben und Werk.* München: Eugen Diederichs Verlag 1999.
–: *Das verwelkte Nest* (unveröffentlichter Roman).
Harisodarulu: *Bharati nirukti: Vedaswarupa darsanamu.* Andhra Pradeshi Sadhana granthamandali Tenali 1971.
Harshananda, Swami: *Hinduism through questions and answers.* Madras: Sri Ramakrishna Math 1984
Hiriyanna, M.: *Essentials of Philosophy,* Blackie & Son 1978.
Kalidasa: *Works of Kalidasa.* Bd. I & II. Delhi u.a: Motilal Banarsidass 1986.
Keilhauer, Annaliese u. Peter: *Die Bildsprache des Hinduismus.* Köln: DuMont Taschenbücher 1983.
Klostermaier, Klaus: *Hinduismus.* Oxford: Oneworld [o.J.]
Lippner, Julius: *Hindus: Their Religious Beliefs and Practices.* London und New York: Routledge 1998.
Mani, Vettam: *Puranic Encyclopaedia.* Delhi u.a.: Motilal Banarsidass 1975.

Majumdar, R. C. (Hg.): *The history and culture of the Indian People – The vedic Age.* Bombay: Bharatiya Vidya Bhavan 1965.
Müller, F. Max (Hg.): *Rig-Veda-Samhita: The sacred Hymns of the Brahmans* Bd. III. London: Henry Frowde Oxford University Press 1892.
Nagaraja Rao, P.: *Introduction to Vedanta.* Bombay: Bharativa Vidya Bhavan 1990.
Nirvikalpanandaswami, Sri (Übers.): *Srimad Bhagavad Gita.* Madras: Sri Ramakrishnamathamu 1944.
Palavajjhala, Sri Rama Sharma(Übers.): *Shri Rudradhyayamu.* Hyderabad: Shri Rama Publishers 1996.
Pandit, M. P.: *Gems from the Tantras.* Bd. I & II. Mandras: Ganesh & Co 1975.
Prabhavananda, Swami: *Narada's Way of Divine Love (Narada Bhakti Sutras).* Madras: Sri Ramakrishna Math 1986.
Prabhupada, Swami Bhaktivedanta, A. C.: *Srimad Bhagavatam.* The Bhaktivedanta Book Trust 1983.
–: *Bhagavad Gita wie sie ist.* The Bhaktivedanta Book Trust 1987.
Radhakrishnan, S.(Hg., Übers.): *The Principal Upanishads.* Delhi, Bombay u.a.: Oxford University Press 1990.
–: *Indian Philosophy.* Bd. I & II. Delhi. Bombay u.a.: Oxford University Press 1996.
–: *Eastern Religions & Western Thought.* Bombay u.a.: Oxford University Press 1996.
Radhakrishnan, S. und Moore, Charles A.: *A Source Book in Indian Philosophy.* London: Oxford University Press 1957.
Sankaracarya, Adiguru: *Sankaragrantha Ratnavali, Saundryalahari.* (Kommentiert von Ishwara Satyanarayana Sarma). Tenali: Sadhana Grantha Mandali 1993.
Sankaracarya, Sri: *Srimad Bhagavad Gita Bhashya.* Madras: Ramakrishna Math 1983.
–: *Bhajagovinda Stotram.* Madras: Balasarasvati Book Depot 1988.
Sri Satya Sai Baba: *Cinna Katha.* Satya Sai Books and Publications trust Andra Pradesh 1984.
Schmidt-Leukel, Perry: *Grundkurs Fundamentaltheologie – eine Einführung in die Grundfragen der christlichen Theologie.* München: Don Bosco 1999.
Sharma, Ram Sharan: *Ancient India.* New Delhi: NCERT [o.J.]
Sharma, Girijashankar Girish: *Jnanabindu.* Hyderabad: [o.J.].
Shastri, Malladi Suryanarayana: *Sanskruta vangmaya caritra.* Bd. II. Hyderabad: Andhra Saraswata Parishat 1961.
Shastri, Bankupalle Mallayya (Übers.): *Andhravedamulu [Rgvedamu].* Andhra Pradesh: Vinayashramamu India 1940.

Siddiqui, Maulana Mohammad Abdul-Aleem: *Elementary teachings of Islam.* Delhi: Taj Company 1991.
Sinh, Pancham: *The Hatha Yoga Pradipika.* New Delhi: Oriental Books Reprint Corporation 1980.
Subbaraya Somayaji Siddhanti, Kappagantu: *Sri Raghavendra Vastusudha.* Vijayawada 1998.
Subrahmanya Sastri, Varanasi (Übers.): *Vishnusahasranamstotra bhashyamu (Shankaracarya).* Tenali: Sadhana Granthamandali 1974.
Suryanarayana, Potireddi: *Divyajyoti: Devalayamula Dictionary – pratyaksa darsini.* Vijayawada 1997.
Tapasyananda, Swami: *Bhakti Schools of Vedanta.* Madras: Ramakrishna Math 1990.
Thapar, Romila: *A history of India.* Bd. I. London: Penguin Books 1990.
Torwesten, Hans: *Ramakrishna: Ein Leben in Ekstase.* Zürich und Düsseldorf: Benzinger Verlag 1997.
Vivekananda, Swami: *Complete Works of Swami Vivekananda.* Calcutta: Advaita Ashrama 1994.
Wheeler, Mortimer Sir: *The Cambridge History of India – Supplementary Volume – The Indus Civilization.* Cambridge University Press 1953.
Wilkins, W. J.: *Modern Hinduism – The Religion and Life of the Hindus.* Delhi: Book Faith of India 1999.
Woodroffe, Sir John: *Principles of Tantra.* Bd. I & II. Madras: Ganesh & Co 1986.
–: *Sakti and Sakta.* Madras: Ganesh & Co. 1975.
–: *The World as Power.* Madras: Ganesh & Co. 1981.
–: *The Surpent Power.* Madras: Ganesh & Co. 1981.
–: *Introduction to Tantra Sastra.* Madras: Ganesh & Co. 1956.
Yogananda, Paramahamsa: *Autobiography of a Yogi.* Bombay u.a.: Jaico Publishing House 1982.
Zaehner, R.C.: *Hindu & Muslim Mysticism.* Oxford: Oneworld 1994.
Zimmer, Heinrich: *Philosophie und Religion Indiens.* Suhrkamp Taschenbuch 1973.

Zum Autor

Vanamali Gunturu, 1956 in Indien geboren, studierte Sanskrit-Literatur, englische Literatur und Geschichte an der Osmania University. Er absolvierte eine Ausbildung zum Deutschlehrer am Goethe-Institut in München und promovierte 1995 an der Ludwig-Maximilians-Universität in München zum Dr.phil. Neben seiner Tätigkeit als Autor – derzeit entsteht sein zweiter Roman – hält er Seminare an der Universität sowie freie Vorträge. Bei Diederichs sind von ihm bereits Bücher über Krishnamurti (DG 133) und Mahatma Gandhi (DG 152) erschienen.